【完本】大江戸料理帖《おおえどりょうりちょう》

福田浩❖松藤庄平

とんぼの本

新潮社

はじめに

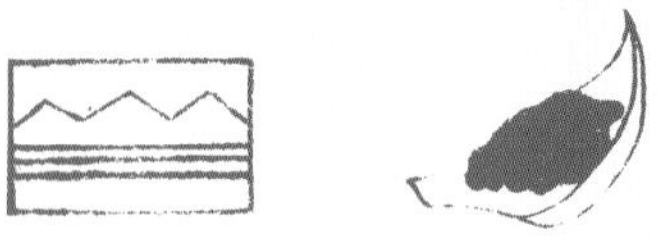

江戸時代に出版された料理本は、数百冊を超えるであろうといわれています。料理本の分野はさまざまで、有職故実を述べたもの、茶料理や精進料理、菓子の本、救荒食や保存食の作り方から中華料理、南蛮料理にも及んでいます。

江戸時代最初の『料理物語』（寛永二〇年・一六四三）は「昔から伝わっている普通の料理」を書留めたことで画期的でした。六巻六冊の大部で専門書とされる『江戸料理集』（延宝二年・一六七四）と共に、この二作は後続する料理本の参考となっています。

この時代の料理本は読み馴れぬ変体仮名で書かれていて、その上、わかりにくい専門用語も多く、分量の表示や作り方の記述も簡単で、理解しにくいところがあります。そんな料理本を読んでいて何がおもしろいのかといえば、「常のとおり」とか「調味好みしだい」といった簡潔な説明の行間に、その料理の味わいを探ることにあります。カップ何杯、スプーン何杯、時間は何分といった懇切丁寧な現代のクッキングブックにはない、不思議な魅力があるように思います。

実のところ、正確な料理の再現は無理なことです。まず魚鳥野菜など素材の質が当時のものと同じかどうか、塩、味噌、酢、醤油などの調味料はどうだろうか。薪や炭であった熱源はガスや電気に変わり、肝心の作り手も食べ手も現代の舌しか持ち合わせていないわけですから。

とはいうものの、わからぬながらも本を読んでいると、何としても作って、食べてみたくなるもので、せめて時代の雰囲気といったものを味わいたいと願うのです。

かつては初物賞玩の代表であった鰹や白魚も、いまや身近な食材となり、鯛も河豚も町に溢れ、材料は自由自在ですが、再現の稽古には豆腐が最適でしょう。豆腐は他のどんな食材とも馴染み、組合すことの出来る融通性がある、優れた食品です。かつては祝儀不祝儀の膳の上には豆腐料理が常連でした。とりわけ、不祝儀の折の精進料理は豆腐が主役であり、本書にもある「鰻もどき」、「香魚もどき」のような〝もどき〟料理の大半は、豆腐なくしては出来ない料理です。

冷や奴と湯豆腐しか作らないあなた、おでん屋の雁もどきと焼豆腐しか知らないあなた、中華料理屋で麻婆豆腐しか注文しないあなた、あなたは何種類の豆腐料理を数えられますか。

料理本のベストセラー『豆腐百珍』（天明二年・一七八二）には、続編、附録、余録を併せると三百品近くの豆腐料理が網羅されています。ひとつ、『豆腐百珍』をテキストに、再現料理の世界に遊んでみませんか。何より値の安いことがありがたい、試行錯誤も何のその、試作と試食の繰り返しも楽しきかなです。

料理の再現には、どうしても欠かせぬものがあります。それは食器です。料理は出来上がっただけでは完成したことにはなりません。皿や鉢などの食器に盛って、はじめて体をなすわけです。「料理の美は食器の美に如かず」とは中国清代の食通・袁枚の言葉ですが、「料理がうまいからと言ったって、食器がよくなければどうにもならぬ」との意でしょう。時代の料理はそれと同じ時代の食器に盛られてこそ落着き、映えるのです。どんなに料理の再現がうまく出来ても料理だけでは時代の表現が出来ません。

さあ、骨董市に出かけましょう。料理再現の手始めは、まず器探しからなのです。

ふべ家主人❖福田浩

『料理早指南』より、「寄物こしらへ様」の図

【目次】

秋の膳

●菓子●

冬の膳

●正月●

「土筆」「茗荷」「茸」「蕪」の絵は『料理通』挿絵より
背景は『豆腐百珍続編』挿絵より

春の膳

江戸の春は〝初物〞から

歌川広重
「江戸名所」より《御殿山之花盛》
神奈川県立歴史博物館所蔵

菜の花、蕨《わらび》、蕗《ふき》の薹《とう》……市場に青菜が出始めると、春の到来を実感します。食材に季節感が乏しくなっている今と違って、冬の間、青いものに飢えていた江戸の人々には、八百屋の店先に春を感じた時の喜びはひとしおだったのではないでしょうか。

三月三日は桃の節句、雛祭り。雛の膳には菱餅、赤飯と並んで蜆《しじみ》や蛤《はまぐり》の貝の汁がつきものですが、蜆は業平《なりひら》、蛤は深川あたりのものが名物でした。白酒は、神田鎌倉河岸にあった「豊島屋」のものが江戸一番の人気で、竹矢来を組んで人の列を整理するほどの売出しであったそうです。

佃島、永代橋あたりで白魚が獲れだすと、江戸は本格的な春。終戦直後のしばらくの間、隅田川の水は澄んでいて白魚が獲れたといいますが、今では想像もできません。京橋の近くの高速道路の傍に白魚橋という懐かしい名前が残っていますが……。今、白魚は霞ヶ浦や北海道から送られてくるのです。

桜餅は、今も隅田川畔にある「山本屋」が長命寺の門前にあったので、いつしか長命寺の桜餅として知られるようになりました。墨堤は江戸随一の桜の名所でしたから、江戸中から桜餅を買いに人が集まってきます。桜餅は桜の季節だけでなく年間を通して販売していたので、桜の葉は塩漬けにして保存するのですが、その量がものすごい。詳しくは「長命寺の桜餅」の頁をご覧ください。

さて、初鰹を筆頭に、江戸っ子は〝初物〞を珍重しました。〝初物〞、それは四季の恵みに一年ぶりに再会する賜物ですが、「年中何でもアリマス」の現代人の食生活ではもう味わえぬ感激となってしまいました。

江戸っ子の初物食いは飛びぬけていました。式亭三馬の『浮世風呂』（文化六年・一八〇九）に、「お江戸に産れたありがたいことには、年中自由が足り、初物は一ばんがけに食うなり」とあります。江戸はパリ、ロンドンを凌ぐ百万都市の城下町、武士と町人が半々

くらいだったようです。その町人の多くは職人で、宵越しの銭を持たぬ気っ風が一層初物狂いに駆りたてたのでしょう。『初物評判記』（安永五年・一七七六）に初物の位付けをみると、最高の「極上上吉」に夏の初鰹、「上上吉」に春の若菜、早わらび、秋の初鰹、新酒、新そば、その他に初鮎、初茸、初茄子《なす》、初胡瓜《きゅうり》などが続きます。

江戸で野菜の促成栽培が開発され（寛文年間・一六六一～七三）、気の短い江戸っ子たちに急かされて、早出しの傾向が強まったため、将軍家への初物献上の時期を遅らせる触書が出されました。魚についても寛保二年（一七四二）に、「鱒、正月より。鮎、四月より。鰹、四月より。なまこ、九月より。鮭、九月より。あんこう、十一月より。生鱈、十一月より。白魚、十二月より」と売出しの禁止令が出されています。その後、同様の禁令が度々公布されたといいます。初鰹については後述します。

では最初に、花見の重箱から始めて、江戸の春のお料理を作ってみましょう。

花見重《はなみじゅう》

長屋の八つぁん熊さんはお花見にこんなお重を持って行きたかったんじゃないでしょうか。

❖料理早指南

花のお江戸で花見といえば飛鳥山、上野の山に隅田川。見栄っ張りの長屋の大家が八つぁん熊さん引き連れて、重箱下げていざ繰り出した花の山。毛氈がわりの筵を広げて取り出したる花見重、蓋を開けたら、さてびっくり。玉子焼きかとつまんでみれば、黄色いはずだよひね沢庵。月形は蒲鉾かいなと口に入れれば、大根のこうこ。自棄になって徳利あおれば、中は「お茶け」というわけで、御存知、落語「長屋の花見」の大騒ぎ。

「大家さんはこんな重箱を持って行きたかったんでしょうね。まあ、八つぁん、熊さんには高嶺の花でしょうが、ちょっと裕福な商家ならこれくらいのものは作ったと思います」

といっても、当てずっぽうにみつくろって詰め込んだわけではない。出典は享和年間（一八〇一～〇四）の料理本『料理早指南』（醍醐散人著）。この本に「花見の提重詰」として上、中、下三種類の料理が載っている。他にも「時節見舞重詰」「舩遊の重詰」「下屋舗へ行重詰」「旅迎の重詰」等々、TPOに応じた弁当の献立が、それぞれ上、中、下と三種ずつ出ている。

まずその「花見の提重詰・上」の献立を列挙してみよう。

初重詰合九種
かすてら玉子、わた蒲鉾、わか鮎、ムツの子、竹の子、早わらび、うちぎんなん、長ひじき、春がすみ

二重引肴
蒸しがれい、小鯛鮨、干し大根、甘露梅

三重
ひらめ、さより、うど、わかめ

四重
おぐらのきんとん、紅梅もち、椿もち、薄皮もち、かるかん

「鮎が手に入らなかったので車海老に、ムツの子はタラコに置き換えましたが、九割方はそのまま再現してあります」

本来は、ここにおにぎりなど御飯ものを詰めた「割籠」がつく。

「ひらめとさよりは刺身ですが、『酢味噌を敷く』と書いて

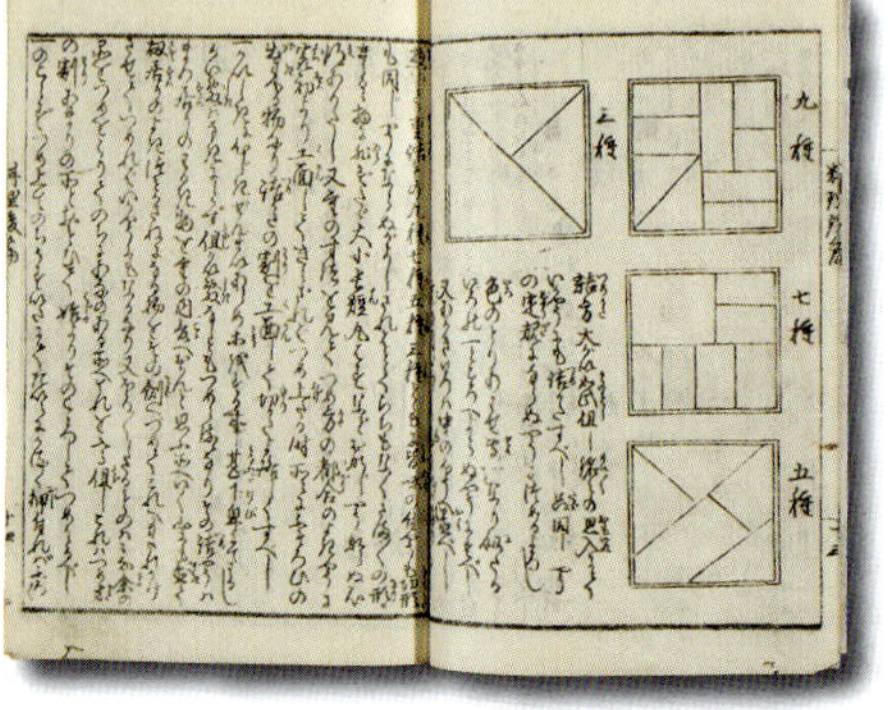

『料理早指南』に図示された重箱の詰め方

材料　玉子、小麦粉、あわび、魚すり身、車海老、タラコ（生）、竹の子、わらび、銀杏、ひじき、ユリ根、蒸しがれい、小鯛、干し大根、梅、ひらめ、さより、うど、わかめ、など

作り方　「わた蒲鉾」とはあわびの腸を練り込んだ蒲鉾。今回はあわびの身も小さく切って練り込んでみた。「うちぎんなん」は、銀杏を茹で、おし潰してから甘辛く味付けする。「春がすみ」はユリ根を蒸して寄せたものに挽き茶で春霞を現わす色をつける。「干し大根」は、割り干し大根を醤油と煮きった酒に軽く漬け込んだものを糸唐辛子で結ぶ。

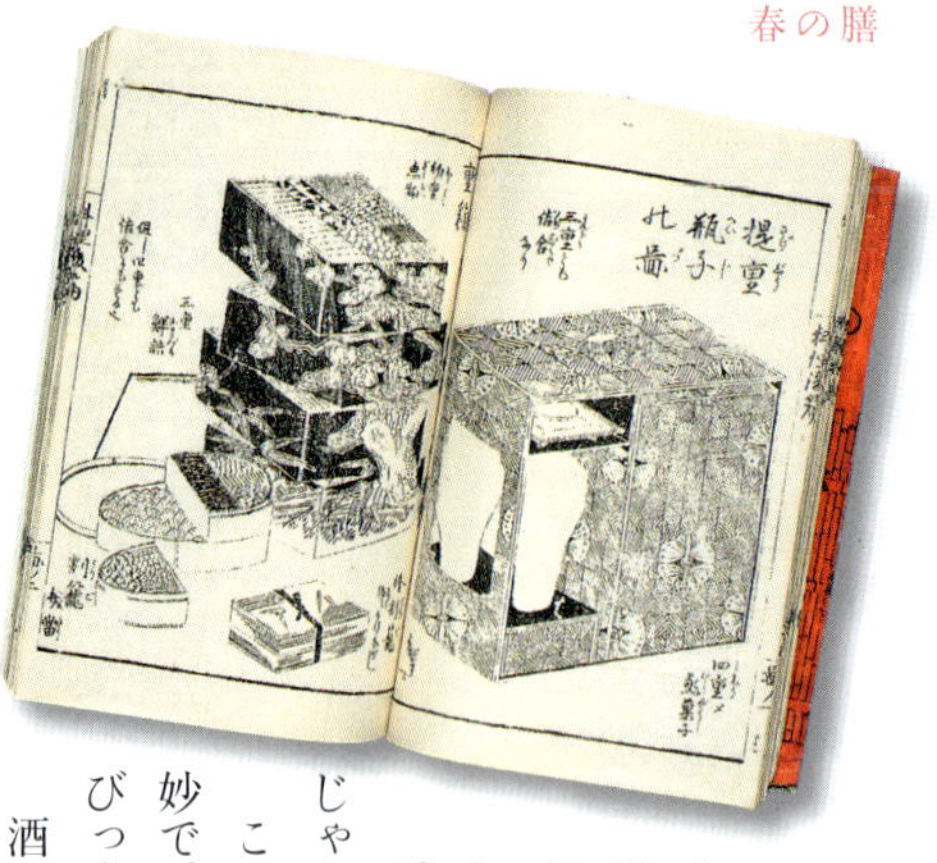

あるんです。たぶん、酢味噌を敷いた上にわかめやうどを被せて、その上に刺身を盛り、食べる時にはサラダみたいに混ぜ合わせたんじゃないかと思うんですがね」

この酢味噌と刺身の相性が絶妙で、わさび醤油に慣れた舌がびっくりして歓声を上げた。

酒の肴ばかりではない。四の重にはお菓子がいっぱい詰まっている。これなら下戸も子供もいっしょになって楽しめる。

本来、花見には「提重」というものを使ったようだ。そのイラストも掲載されている。重箱そのものはちょっと小振りで、錫の瓶子、取り分け小皿、箸や楊枝などを収納する引き出しがついた、携帯用の食器セットである。

「これは普通の五段重ですが、けっこう深いでしょう。この規模の重箱にいっぱい詰めたら二十〜三十人分は十分にまかなえます。長屋のご一行様でも大丈夫ですよ」

さらに本には、こうした様々な料理の紹介の後に、重箱の中にいかに料理を詰めるのか、そのレイアウトの見本図まで記されていた。

「こういうものは、蓋をとって段をずらした時の『うわーっ』という最初の歓声で決まるもんでしょう。あとは食べ散らかしてしまいますからね。同じものを詰めても、並べ方の取り合わせ、バランスで、いかにもおいしそうにも、まずそうにも見えるんです」

そのコツはというと、色の取り合わせはもちろんだが、段毎に同じような形には並べないこと。

「微妙に崩したバランスとでもいうんですか、モンドリアンの絵のような感じですよ」

赤いものは重箱の真ん中に置くように、とも記されている。

「重箱というのはたいてい塗りのものだから、器の内側が赤いでしょう。だからせっかくの食材の彩りが器に埋もれないようにとの配慮なんですね」

詰める前に、自分なりにレイアウトを考えて、設計図を書いてみるといいのだという。この重箱の設計図は、大きな紙に原寸大で、色分けされて書かれてあった。

「べつにこれといって珍しいもの、贅沢なものが入っているわけじゃないんですけど、こうやって詰めるとなかなかでしょう。作ってても楽しかったですよ。こんなのを持って花見に行ったら、そりゃ、楽しいでしょうね」

重箱を詰めながら、気にかかるのは明日の天気。

もし降らば芝居にしなと重へ詰め（川柳）

［上］『料理早指南』の「提重」の図

長命寺の桜餅《ちょうめいじのさくらもち》

桜餅のために漬け込んだ葉が一年で三十一樽、七十七万五千枚というから驚きますね。

❖嬉遊笑覧

似合はしや豆の粉飯に桜狩　芭蕉

花見といっても酒もいらない、歌もいらない、豆の粉飯ぐらいが自分にはちょうどよい……いかにも芭蕉翁らしい、ちょいとさびた花見観である。

そんな俳聖の心境とは無縁の江戸っ子たちは、花の名所に繰り出して、呑めや歌えやの大騒ぎ。当時、花見の名所といわれたのは、上野、小金井、飛鳥山、そして向島、隅田川堤だった。四代将軍家綱公の御代、常陸国桜川から桜の木をここに移植したのがその始まりだとか。加えて八代将軍吉宗公は、ここを花見の名所にすべく、新たに百本の桜を植えさせたのだという。

江戸向島長命寺に、今も伝わる桜餅も、ちょうどそのころ、享保二年（一七一七）に誕生している。同寺の門番であった山本新六が、土手の桜の落ち葉を集め、塩漬けにしたもので餅を包んで売り出してみたところ、これがすっかり当たって名物になったということだ。

三代豊国「二十四好今様美人」より《甘い物好》
短冊に描かれているのが桜餅　吉田コレクション

この桜餅について、興味深い資料があった。『兎園小説』という、滝沢馬琴らが巻の奇事異聞を集めて編集した、いわば当時の「トンデモ本」なのだが、その記述を引いてみよう。

「○隅田川桜餅　去年甲申一年の仕入高、桜葉漬込卅壱樽、〔但し一樽に凡二万五千枚ほど入れ、〕葉数〆七拾七万五千枚なり〔但し餅一つに葉弐枚づゝなり。〕此もち数〆卅八万七千五百、一つの価四銭づゝ、この代〆千五百五拾貫文なり。金に直し弐百廿七両壱分弐朱と四百五拾文、〔但し六貫八百文の相場、〕この内、五拾両砂糖代に引き、年中平均して、一日の売高四貫三百五文三分づゝなりといへり。」

この部分の担当は、輪池堂こと屋代弘賢。それにしてもまた随分こまかい計算をしたものだが、そうしたくもなるような、驚くべき数字である。一年で漬込んだ葉がなんと七十七万五千枚！

さて、現在、桜餅といって誰もが思い浮かべるのは、クレープのように焼いた小麦粉の衣で餡を包み、桜の葉の塩漬けで巻いたもの。あるいは関西風の、道明寺粉を使った餅だろう。ところが、江戸の桜餅のオリジナルは、まったく違ったものだったようなのである。

一九世紀の初期、文政年間（一八一八〜三〇）に喜多村信節が著した随筆『嬉遊笑覧』に「近年、隅田川長命寺の内にて、桜の葉を貯え置きて、桜餅とて、柏餅のように葛粉にて作る。初めは粳米にて製りしが、やがて、かく変えたり」とある。そこで今回は、この葛粉によるオリジナルの桜餅を再現してみた。

「単純に考えると、餡を葛で包むわけですから、いわゆる〝葛桜〟と同じになってしまうんですが、そうではなかったと思うんです」

葛桜は、葛の衣で餡をくるんだものを蒸しあげたもので、衣は透明になって中の餡が透けて見える。今でも夏の和菓子の定番だが、これは桜餅とは別のものだ。

「本来〝餅〟というものは米を使ったものだったはずなんです。ですから、そのイメージに近い感じを出してみました」

砂糖を混ぜて糊状にした葛粉を、いったん蒸してから粉取りし、餡の玉を包み込んで、塩漬けの桜の葉で巻く。

餅を包む桜の葉は、お菓子の材料を売る店や、魚河岸なら珍味屋で手に入れることができる。もともと新六は桜並木の落ち葉を集めて漬込んだというが、現在はほとんどが伊豆方面で生産されているそうだ。葉が成長しすぎると芯がかたくなってしまうので、新緑の季節に摘み取って、塩漬けにしておくのだという。

「東京の、それも下町では、葉っぱもいっしょに食べる人が多いようです。ほんのりとした塩気と、桜の香りも楽しめますよ」

下町流に、桜の葉ごといただく。まず、桜の風味がほわっと広がる。ここまでは従来の桜餅と同じ。しかし、ほんのり甘い葛の衣は、まったく違った食感だ。このもちもちとした口当たりは、同じ和菓子とはいえ、別のジャンルのものを食べているようだ。葉の塩味と、餡の甘みが、ほのかな桜の香

りの中で溶け合うのは、素材が違っても桜餅の醍醐味である。
「ただ、この方法は手間がかかるから、商売には向いてなかったんじゃないでしょうか。葛は値段も高いしね」
それだけに、今の桜餅では味わえない、風雅な食味を楽しむこともできる。

下戸もまたありやと墨田の桜餅　（川柳）

今年の花見は芭蕉翁にあやかって、手作りの桜餅など携えて、風雅に花を鑑賞してみては。

材料
葛粉、砂糖、漉し餡
桜の葉の塩漬け

作り方
葛粉に水、砂糖を入れ、よく混ぜて火にかける。糊状になったところで火を止め、せいろに移して30分、強火で蒸しあげる。これを上新粉（和菓子用の米の粉）と片栗粉を合わせた粉をまぶした手で取り上げ、餡をくるんで、桜の葉で包む。桜の葉は、一晩水につけて塩抜きをしておくとよい。

蛤鍋《はまなべ》

蛤だけですよ。
これに何か入れると言って、
さて、何を入れたらいいんでしょう。

ぐつぐつと煮えはじめた土鍋の中には、大振りの蛤があるだけで、他には何も入っていない。

「青菜でも入れればきれいなんでしょうけど、ほら、蛤がいっぺんに口を開くでしょう。ひとつ入れては、開いたら食う、なんてまどろっこしいこと、江戸っ子にはできませんし。わっと入れて、わっと沸いたら、わっと口が開く、ことこと煮てたら身が固くなっちゃうから。そんなタイミングを考えたら、やっぱり何も入れないほうがね」

具はともかく、ここには塩も醤油も砂糖も味噌も、何も入っていない。味を調えるためにちょっとお酒を落としただけ。単純素朴な、いわゆる〝潮仕立て〟である。

「当時は、お酒も入れたかどうか。水だけでも十分おいしいですからね。あと、昔は味噌仕立てが多かったらしいけど。蛤だけでもあれだけエキスが出て白濁してるでしょう。スープを吸ってみて、ちょうどよければそのままでよし。逆に、薄めなきゃならないほど、濃いものですよ」

蛤の独特のうま味の元は「琥珀酸《こはくさん》」という物質だそうで、これは清酒のうま味と同じものだという。ともかくも、手軽に採取できて、しかもうまかったから、蛤は縄文の昔から、日本人にとって貴重な食材だった。秋から翌春までが味がよく、なかでも春先が旬、最も美味しい季節である。

「まあ、三月がシーズンの終わりだといわれてますね。俳句の季語でも春になります」

婚礼に蛤の汁がつくのは、二枚貝の蝶番が同じ個体でないと決して合わないという性質から、貞節の象徴とされてきたため。雛の節句にも蛤がつきものなのも同様だろうが、加えてこの季節が旬であることも無関係ではあるまい。とはいえ、蛤は海に近い江戸では、年間を通して日常的な食材だった。

「よく〝桑名の焼き蛤〟って言いますけど、蛤は江戸名物なんですってね。今でも深川の八幡様のあたりでは『深川飯』といって、あれは浅蜊ですが、名物になってますでしょう。昔は波打ち際が鳥居すぐのところだったといいますから」

「深川飯」とは、もともと、浅蜊の他、蛤やバカ貝（青柳）など雑多な貝の味噌汁を冷や飯にぶっかけたもので、いわゆる汁かけ飯。昔はお世辞にも〝名物〟などと呼べるような、上品なものではなかったらしい。

そういうとなんだか粗末な料理にも聞こえてしまうが、蛤などの貝は簡単に手に入り、しかも手の込んだ料理をしなくても美味しくいただける、とてもありがたい食材だったわけだ。

ほかの料理法といえば、田楽にしたり、あと叩くか摺りつぶすかした蛤を、卵と合わせてから蒸す「しぐれ蛤」があるが、やはり簡単でおいしいという点では、蛤鍋の圧勝である。

さて、これだけシンプルな料理になると、蛤そのものの味が問われることになる。かつては浜辺に行けばどこにでもあった蛤が、いつの間にか貴重品になってしまったのだ。

「確かに、今では庶民的な食べ物という感じはないかもしれませんね。料理屋で出してもよさそうなものなのに、やらないのは高いからですかね。東京湾でとれる、いわゆる江戸前の蛤もなくはないんですけど、貴重品です。これは築地で仕入れてきた、鹿島灘産の蛤です」

貝の大小は味には全く関係ないそうだ。鍋には、ちょうど口に入るくらいの大きさを選ぶ。

「ハマグリ鍋だの、焼きハマグリだのって言いませんよね。やっぱり江戸っ子は『ハマ鍋』『焼きハマ』でしょう。大勢で鍋やったらもう競争ですから。早く食ったほうが勝ち」

貝殻でスープをすくって飲むのも、また一興。

材料

蛤
酒

作り方

土鍋に水と1、2割の酒、蛤を入れて火にかける。煮すぎると身が固くなるので、口が開いたらすぐ食べる。できれば国産の蛤を用意したい。
残った汁に、セリのようにシャキシャキした歯触りのものか、大根のようなくせのない野菜を加えてもよい。大根は短冊か拍子木に切り、下茹でしておく。
味噌仕立てにするなら、普段の味噌汁より薄めにすること。

玉子《たまご》ふわふわ《ふわふわ》

ネーミングがいいでしょう。名前だけでもおいしそうじゃないですか。

料理物語

「ちょっとした和食の店で定食を頼むと、必ず茶碗蒸しがついてくるでしょう。日本人は本当に玉子が好きなんですね」

玉子好きなのは、なにも日本人に限ったことではない。洋食だって朝食には必ず玉子料理が一品ついてくる。玉子の人気は古今東西を問わない。安くて栄養があって、なによりおいしい。もちろん、江戸時代の料理の本にもたくさんの玉子料理が登場している。「玉子ふわふわ」は、江戸初期、寛永二〇年（一六四三）の料理本『料理物語』から。

「ネーミングがいいでしょう。見た目そのままだし、名前だけでもおいしそうじゃないですか」

朱塗りのお椀に盛られたその料理は、スクランブル・エッグのように固まってなく、かといってかき玉汁のように玉子が砕けてもいない。まさに「ふわふわ」の玉子が泡のように盛り上がっている。口当たりも「ふわふわ」。特に変わった味がするわけではないが、その舌触りのふんわり感が楽しい。

「うまくできれば、かんたんでおいしいんですけど、ひとつずつしか作れないから、店では出したことがないんですよ」

鍋に出汁を煮立てておいて、よくかき混ぜた玉子を落とし込んでゆく。大鍋だとこんなふうにふんわりと盛り上げることはできない。うまく泡立てるには、まず玉子を充分にかき混ぜておくこと。そして小さめの鍋を使う。

「なんということはないんだけど、何度かやらないと、コツがつかめないかもしれませんね。例えば、玉子を入れる時、鍋の真ん中から落とし込むと、出汁の温度が急激に下がって、汁が濁ってしまうんです」

だから縁の方から一気に玉子を落とす。

本には具体的な調理方法が記されていない。オニオングラタンのときに使うココットという蓋付きの土鍋を使ってゆっくり加熱するとうまくいく、という人もいる。ただ、それだと汁物としてお椀によそうことはできない。

「だからたぶんこの方法でいいと思います。難しいのは火加減ですね。今ではガスや電気で調節なんて簡単にできますけど、炭火でやっていた頃は大変だったでしょう。あんまり強過ぎると鬆《す》が立つでしょうし。そのへんの難しさは、我々には想像がつきませんね」

出汁は普通の鰹出汁の清まし汁。後で玉子を加えるので、

材料

玉子（1人1個が目安）
鰹出汁
醤油、砂糖、胡椒

作り方

汁は醤油味の勝った鰹節の出汁で、少し濃いめの清まし汁に仕立てる。

できるだけ小さな鍋に出汁を煮立て、わずかに砂糖を加えてよく泡立てた玉子を、片口で鍋の縁の方から一気に落とし込んで蓋をする。熱が全体に回ってふんわりと盛り上がったら（だいたい、ゆっくりと10数えるぐらいの間）、椀によそい、胡椒を振って供する。

少し濃いめに仕立てておく。

「塩で味を調えるんじゃなくて、お醤油が勝った汁に仕立てた方がおいしいと思います。特に秘義、秘伝の類は何にもないんですけど、今回の秘策は砂糖なんです」

和菓子屋が薯蕷《じょうよ》饅頭の皮を作る時、小麦粉と山芋に砂糖を加える。これは単に甘味を出すためだけでなく、皮が堅くなるのを防ぐためでもあるのだという。また、蕎麦がきなども、軽く砂糖を加えておくと、調理するまでの時間が少々かかっても堅くならないそうだ。

「これは昔からあった方法だそうです。それで今回は、玉子に甘味を感じさせない程度の砂糖を入れてみたんです」

その効用は、まずふくらみ方に出た。この料理はなによりも泡立ちが決め手。砂糖を加えたことで、玉子はしっかりと泡立ち、大きくふくらんだ。さらに、砂糖の粘りけによって泡が長持ちし、ふんわり感を損うことなく、玉子がお椀に浮かんでいる。

玉子そのものは、特に選んだものではないという。十個一パックで売っている、あの玉子だ。

「お菓子やオムレツを作るんだったら玉子を選んだ方がいいかもしれませんが、これは出汁の味でいただくものですから」

問題は玉子の質より料理の腕。ちょっと難易度は高そうだけど、スクランブル・エッグよりはおいしそうでしょう。

便利になって忘れたこと

江戸時代の熱源は、竈の薪や七輪の炭火でしたから、火加減がとても難しかったと思います。特に玉子料理のような、繊細な温度管理が必要なものは、大変だったのではないでしょうか。

今ではそんな心配はありませんが、便利になった一方で忘れがちなことがあるんです。よくやるんですけど、冷蔵庫から出してすぐの玉子を料理に使うでしょう。あれはいけない。カツ丼や親子丼でも、冷たい玉子を沸いている鍋に入れると、急に温度が下がってスープが濁ってしまう。だから出してからしばらく置いて、常温に戻して使うといいんです。

ほかの食材に比べると、玉子は本当に安いでしょ。だけど安いがゆえに、そんな風にぞんざいに扱いがちじゃないでしょうか。

例えば薄焼き玉子なんか、黄色みを出したければ黄身を多めに使ったりするんですけど、そうすると破れやすくなったりする。やっぱり自然のバランスってのはよくできてるんです。そんなちょっとしたことに気が回れば、お料理は変わるんじゃないですか。

『素人庖丁』より

白魚蕎麦仕立て《しらうおそばじたて》

今では卵とじが一般的ですが、当時これは野暮の骨頂だとされたようです。

❖料理珍味集

曙や白魚白きこと一寸　芭蕉

「こいつァ春から、縁起がいいわえ」とは歌舞伎の「三人吉三廓初買」で、お嬢吉三の大川端の場でのセリフだが、その前節はこんなふうに始まる。

「月も朧に白魚の、篝もかすむ春の空、冷てえ風もほろ酔いに……」

白魚は江戸に春を告げるに、なくてはならぬ風物詩であった。

「この芝居では、白魚は春のものとして登場しますが、実際には、暮れから河岸に出てきます。その頃になると海から産卵のために隅田川に上がってくるんですね」

『江戸名所図会』にも、佃島の白魚漁の場面が描かれている(下図)。篝火を焚く舟上で漁師が引いているのは四つ手網。これですくい獲る白魚は、白く透きとおった、小指大の美しい魚だ。同じ字を当て、形も似ており、海から川に上ってく

『江戸名所図会』より《佃島白魚網》
国立国会図書館所蔵
夜間、舟上で篝火を焚きながら、河口に上ってきた白魚を四つ手網で獲る。

獲れたての白魚は透き通っていた。

るところを網で獲るという漁法も同じことからよく混同されるのが〝踊り食い〟で知られる九州の「シロウオ」だが、これは江戸の「シラウオ」とはまったくの別種だという。

それはともかく、かつて白魚漁は佃島の漁師たちだけに許された特権であった。徳川家康が幕府を開く前のこと。家康は摂津佃村の漁師三十四名を、大坂城攻めの際に功績があったということで、江戸に連れてきて、鉄砲洲に住まわせた。その佃島の漁師たちが、家康の命により、もともと江戸湾にはいなかった白魚を名古屋浦、あるいは伊勢湾から移殖したのだという。移殖の方法として、乾燥した白魚を砂に埋めておくと、翌年生まれる、なんて説をまことしやかに伝える本もあるが、はたしてどうやってつれてきたのか……。ともかく、そんな経緯もあったので、白魚漁は佃島の漁師の特権として認められ、毎年獲れた白魚を江戸城に献上することになっていた。

「だから佃島の漁師は気位が高かったといいますね。また、白魚の頭の斑点を葵の紋に見立てていた、なんてこともあったようです」

額に葵の紋を戴いた魚を、生きたまま食べるなんてとんでもない、というわけでもないだろうが、いわゆる〝踊り食い〟は、江戸の料理本には登場しない。

「刺身はありました。生を生醤油で食べます。ちょっと大きい目のを目刺しにして、干して焼くというのもありますが、これは手間がかかって大変です。かき揚げの天ぷらもいいですね。今でも一般的なのは卵とじですが、当時これは野暮の骨頂だとされたようです。卵とじで食べなければいけないようなのは、要するにもう古いということのようですね」

そこで、今回選んだのが宝暦一四年（一七六四）、博望子が著した『料理珍味集』より「白魚蕎麦仕立て」。読んで字の如く、白魚を蕎麦のようにいただこうという料理だ。

「でも、それだけじゃ当たり前すぎて芸がないでしょう。だからちょっと違う料理と組み合わせてみたんですよ」

「大根蕎麦」あるいは「白髪蕎麦」と呼ばれる蕎麦の食べ方がある。細切りにした大根を、蕎麦に混ぜていただくというものだ。それを「白魚蕎麦仕立て」に応用してみたのが、この料理。

「白魚だけだと身が柔らかくて、どうしても崩れやすいんですが、大根を混ぜると崩れもあまり気にならないでしょう。それぞれの対照的な食感の違いを、楽しんで味わってみてください」

山葵《わさび》を添えた器には、茹でて真っ白になった白魚と、やはり真っ白な大根。小さ目の蕎麦猪口に入っているのは、ごく当たり前の蕎麦汁だ。端のほうにちょいと汁をつけ、そろりといただく。と、白魚のふんわりとした食感と、大根のしゃきしゃきとした歯触りが口の中で交錯する。白魚だけだと、まるで淡雪のように溶けてしまいそうな、はかない印象なの

だが、大根を混ぜたことで、一本芯のとおった、しっかりとした食感が得られ、それでいて淡泊な白魚の持ち味がそこなわれていない、いや、むしろ引き立っている。なるほど、この組み合わせは絶妙だ。

白魚に価あるこそ恨なれ

『江戸名所図会』（19頁）の左頁に記されたこの句は、芭蕉の作ともいわれているが、真偽のほどは定かではない。ともあれ、江戸時代でも白魚は高級魚で、庶民には高嶺の花だったようだ。それでも初鰹と同じように見栄を張って食べずにいられないのが江戸っ子の意地。

ちょっと頼りなげだけど、白魚はそのはかなさが、いかにも〝春の魚〟らしい。

材料

白魚、大根
蕎麦汁、山葵

作り方

白魚は新鮮なものを用意する。軽く茹でた白魚に、細切りにした大根を合わせ、白魚の身が崩れないように気をつけて盛り付ける。汁は、鰹節の出汁を酒、味醂、醤油で味を調え、普通の蕎麦汁と同じ要領で用意する。

筍羹《しゅんかん》

一般の家庭ではまるごと焼くなんて難しいでしょう。そこで今日は茹でてみました。

❖料理物語

『素人庖丁』より

「でもね、竹藪で掘り立てを焚き火にくべて焼けたらおいしいんでしょうが、実際、一般の家庭でやるとなると、まるごと焼けるような炉がないでしょう。そこで今日は、茹でてみました」

小振りの筍の皮をむき、茹でたものを、根元の方から小刀かナイフの刃先を差し込んで、縁に沿ってぐうーっとひとまわしして切り目を入れる。あとはスプーンで節の部分をかき出す。その穴に、魚や海老のすり身などを詰め込んで、蒸し上げればよい。

「具の中に、かき出した節の部分も混ぜて入れればいいんです。無駄のない料理ですよ」

具の味をすこし濃いめに調えておけば、筍に特に味をつけなくても、ちょうどよい加減になる。

「筍は、香りや味はもちろんですけど、こりこりとした歯触りが持ち味でしょう。日本人はこうした食感にも〝旬〟を感じてきたんですね」

「卵百珍」として知られる『万宝料理秘密箱』（天明五年・一七八五）に「笋《たけのこ》煎込卵」という、よく似た料理が出ている。やはりくり抜いた筍の穴に玉子を流し込んで蒸すのだが、玉子が流れ出さないように口に葛粉を振りかけ、厚紙で包んできつくしばってから蒸すという、手のこみようだ。

さて「筍羹」は、やはり『料理物語』に出ている。「竹の子をよくゆにして色〳〵にきり。あわび。小とり。かまぼこ。

「旬」の字に竹冠を被せると「筍《たけのこ》」。そのほのかな青臭さは、春の食卓には欠かせない風味だ。筍ご飯、木の芽和え、煮物、焼き物、あるいは刺身と、食べ方も様々。

江戸時代の料理本から、筍料理をいくつか拾ってみよう。まず『料理物語』より「やき竹の子」。「竹のこのふしをぬき。中へかまぼこ玉ごまろにして（まとめて）入。かわともにやきてきり候。かまぼこの塩すこしからめにしてよし」。

皮つきの筍の中をくり抜き、玉子をつなぎにしてかまぼこを入れて焼く。同じような料理が『新撰献立部類集』（安永五年・一七七六）にも出ている。こちらは「生にてふしを取中へ魚の身玉子打わりとき入　竹のこの皮の上よりやき　かまぼこ入てもよし」と、具には魚の身を挙げているが、内容は同じ。

皮つきのまま、筍を焼くことで、ほどよく蒸し焼きにされて具が固まったところを、小口に切って盛りつけたのだろう。竹の皮の風味が封じ込められた「やき竹の子」は、想像するだけでも食欲を誘う。

たいらぎ（平貝）。玉子。ふのやき。わらび。さがらめ（海草の一種）。右之内を入。だしたまりにてに候てよし」と、筍をメインにした煮物を紹介した上で、「又竹子のふしをぬき。かまぼこを中へいれ。に候てきり入も有」としている。やはり節を抜いて詰め物をするという調理法が、焼くにしろ煮るにしろ、一般的だったようだ。

「焼くことにこだわるなら、蒸し上げたものを火の上で網かなにかに載せて転がせば、焼き目は簡単につけられます。あるいは、竹の皮で巻いてから焼いてもいい」

さらにいうと、筍を全部刻んでおいて具に混ぜ、竹の皮で包んで焼くなり、蒸すなり、という方法もある。

「煮た筍がもし余ったら、翌日、そのまま衣をつけて天ぷらにしてもおいしいですよ。これは筍に味がついているので、天つゆはいりません。あと、先っぽのやわらかいところを薄く刻んでご飯の上に載せ、汁かけ飯にすると、筍ご飯なんかよりはるかに筍らしい風味を楽しむことができますよ」

材料

筍、魚または海老
蒲鉾など好みの具
木の芽
出汁、醤油、味醂

作り方

筍は皮をむき、茹で上げてから、節の部分をくり抜く。魚や海老のすり身にあらかじめ出汁、醤油、味醂などで少し濃いめに下味をつけた好みの具（取り出した節の部分も）を混ぜ、節を抜いた筍の穴に詰めて蒸し上げる。大きな筍なら小口切りに、小さい物なら縦割りにして盛りつけても美しい。木の芽を添えて出来上がり。

いちご汁《いちごじる》

魚介を使って、逆に野菜に見立てた料理は珍しいですね。

❖料理珍味集

淡い紅色のつぶつぶが集まった〝実〟の頭に、ちょんと載った青菜の〝ヘタ〟。料理の名前だけ聞くと、ちょっとどんなものか見当もつかないが、実際にお碗を見ると、なるほどその名が「いちご汁」というのも納得できる。

「精進料理やなにかで、野菜を使って魚や肉に見立てたものはよくありますが、こんなふうに魚介を使って、逆に野菜に見立てた料理は珍しいですね」

「いちご（苺）汁」は江戸時代の宝暦年間、一八世紀半ばに出た『料理珍味集』という本に出てくる料理。「生の車海老の皮をむき、身だけをたたいて摺り身にし、小さく丸めて汁に入れる。色が赤くなるものである」とある。いわゆる〝海老しんじょ〟のようなものだ。

「ただ、つなぎに葛粉を少し入れる他には、海老だけしか使っていません」

材料は国産の車海老だけだ。

「それも本当は江戸前のがいいんですが、今はほとんどが養殖ですね。輸入モノの安い海老を使ってもいいんですけど、どうしてもこういう、やわらかくて明るい色にはならないん

ですよ」

　鯛や海老が〝おめでたい〟のは、その赤い色が喜ばれたからだろう。着色料が食膳にも氾濫している現代では、食べ物の色について本当に無頓着になってしまったが、江戸時代の人々は今よりもはるかに繊細な感覚をもっていたはずだ。だからこそ、煮るだけでほんのり赤く染まる車海老を、自然界には希有な「赤い食材」として珍重し、その色を最大限に活かす料理を工夫していたに違いない。色が落ちてしまったら、海老の魅力は半減してしまう。

「白身魚のすり身を混ぜた方が、ふっくらとしておいしいかもしれません。あと同じ海老でも、芝海老のほうが味はいいんですが、やっぱりこの色は出ません」

　作り方はいたって簡単。

「コツはね、海老を練りまわさないで、包丁で叩くだけにすることです。〝刃叩き〟っていうんですけど、叩いていると自然に粘り気がでてきます。それに、海老の身のつぶつぶ感が残っていた方がいいでしょう」

　〝刃叩き〟にしたすり身に、つなぎに葛粉か卵白を少し加え、これをスプーンで寄せていちごの形を作って茹で上げたら碗にとり、青菜を添える。と、箸をつけるのがもったいないような、かわいらしい〝いちご〟の完成である。

「女性のお客さんなんかに特に喜ばれますね。ほら、きれいでしょう」

　見た目の美しさもさることながら、意外としっかりと固まった海老団子を口に入れると、ぷりぷりとした、ちょっと粗目の身のつぶつぶがくだけ、そこから甘い海老の風味が広がってゆく。

　さて、日本にいちご（オランダイチゴ）が入ってきたのは一九世紀に入ってからだといわれている。ということは、この『料理珍味集』が出た頃には、今のような形のいちごは、まだ日本にはなかったことになる。

「当時は野いちごや木いちごみたいな、いわゆるベリー類を全部ふくめて〝いちご〟と呼んだようですよ。今日は大きな、今風のいちごの形にしてみましたけど――そうか……今のいちごの形ばかり考えてましたけど、そうでなくてもよかったんだ。もっと小さくしてもよかったんですね」

材料

車海老
（30〜40グラムのもの1尾）
小松菜、清まし汁
葛粉または卵白、塩

作り方

海老は殻をむいて背わたを取り、身だけを包丁で粗叩きにして、すり身にする。塩をひとつまみ入れ、つなぎに葛粉か卵白を少し入れる。このすり身をスプーンで寄せて、いちごのような形に丸めて茹でる。この時、海老の味を逃がさないように、お湯に塩を少し入れておく。お湯があまり煮立っていると、くずれてしまうので、水をさしてたぎりを静めてから入れる。火が通って浮いてきたら碗にとって、茹でた小松菜をいちごのヘタのように添え、清まし汁を張る。

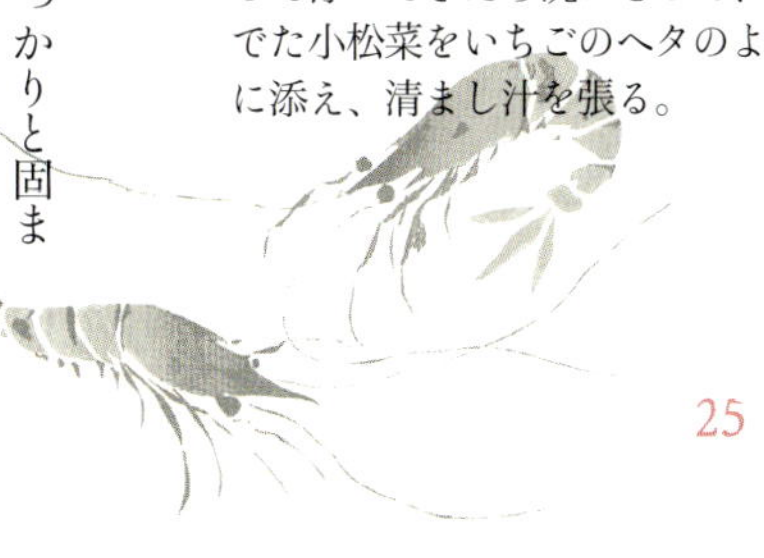
『料理通』挿絵より

鰹料理三種

歌川広重「魚づくし」より《鰹　さくら》 海の見える杜美術館所蔵

初物の代表は何といっても初鰹、値が高くなければ売りも買いもせぬというのは江戸っ子の見栄と張りのなせること。その最たる様子は『五月雨草紙』（慶応四年・一八六八）に、「品川沖へ予め舟を出し置き、三浦三崎の方より鰹魚積みたる押送船を見掛け次第、漕寄せて、金壱両を投げ込めば、舟子は合点して、鰹魚一尾を出すを得て、櫓を飛して帰り来る、是を名付て真の初鰹喰と云へり……」とあるような次第。

初鰹の出始めは四月初旬が通り相場ですが、文化九年（一八一二）に魚河岸へ入った鰹は三月二五日、数は十七本、そのうち六本が将軍家へ御用献上、三本が料理屋八百善、八本が市中の魚屋に売れ、そのうちの一本を三代目中村歌右衛門は三両で買ったといいます。今ならさしずめ九〜十万円というところでしょうか。

女房を質に置いても

初鰹の季節になると、山口素堂の「目には青葉――」の句が引き合いに出されます。この句の持つ初夏のイメージに引かれるのか、初鰹も初夏と思われがちなんですが、旧暦の三月ですから今の四月には、もう出ていたわけです。

鰹は春先に九州・薩摩沖に現われ、黒潮に乗って四国沖、紀伊半島沖、と徐々に北上し、関東沿岸にやってくるのが四〜五月頃。北上するにつれ、だんだん脂がのってくるんですが、おもしろいもので、九州の人は脂のあまりのってないのがおいしいというし、関東から北の人は脂がのっているのを好むんですね。実際に脂がのっておいしいのはいわゆる戻り鰹、秋から冬にかけてなんですけどね。

初鰹刺身《はつがつおさしみ》

◉江戸料理集

やっぱりなんといっても
おいしいのは刺身です。
刺身そのものは同じなんですが、
食べ方が違うんです。

藤咲いて鰹食ふ日をかぞへけり　其角

蜀山人こと大田南畝が、若い頃「まのあたり見たる事」としてこんな話を紹介している。

「関取谷風梶之助小角力を供につれ、日本橋本船町を通りける時、鰹をかはんとしけるに、価いと高かりければ供のものにいひつけて、まけよといはせて行過しを、魚うるをのこよびとゞめて、関取のまけるといふはいむべき事なりといひければ、谷風立かへり、買へ〳〵といひてかはせたるもをかしかりき（後略）」（『仮名世説』）

南畝が若い頃に見たというのだから、それは天下無双の横綱と称えられた二代目谷風のことだろう。人格者としても知られ、半ば伝説的な逸話が数多く語られる谷風でさえ、値切らずにはいられないほどに、初鰹は高かったのだ。

しかし、それでも食べずにはいられない、というのが江戸っ子の意地というものだ。

「私もこの季節になると、どうしても鰹が気になってしょうがないですね。鰹にも古来、いろいろな料理法がありますが、やっぱりなんといってもおいしいのは刺身です」

鰹の刺身、たしかにおいしいが、江戸時代でも現代でも同じなんじゃないだろうか……。

「刺身そのものは同じなんですが、食べ方がちょっと違います。川柳をみればよくわかりますよ」

当時の食べ方を、川柳からのぞいてみよう。

春の末銭へからしをつけて食ひ

酢とからし買う程一分のが残り

「そうなんです、芥子で食べていたんですね」

背を軽く炙った〝焼霜造り〟と皮を残した〝銀皮造り〟

鰹と芥子の関係を語るとき、よく引き合いに出される有名な話がある。

時は元禄。反骨精神の旺盛な画家、英一蝶は、将軍綱吉を批判する絵を描いて罪を受け、三宅島に流された。その一蝶が三宅島で鰹を食べたとき、詠んで朋友・宝井其角に送った一句。

初鰹辛子がなくて涙かな

これに対する其角の返句。

初鰹辛子があつて涙かな

「今は鰹の薬味というと生姜か、土佐造りならにんにくでしょう。でも江戸時代は芥子か、芥子を混ぜた酢味噌で食べるのが一般的だったようです」

まず三枚に下ろした鰹の半身を、腹と背に切り分ける。

「これを串に刺して全面を火で炙ったら〝土佐造り〟になりますが、江戸では背の方だけを軽く炙ります。〝たたき〟とはいわず、〝焼霜造り〟といいます」

一方の腹身の方は、焼かずに皮をそのまま残す〝銀皮造り〟にして、食べ分ける。

「最近は皮を引いてしまうようですが、この時期は皮もまだ

柔らかいから、皮ごと食べたほうがおいしいんです。見た目もきれいでしょう。あと、鰹は刺身でも身を厚く切りますが、それもちょっと野暮ったい感じがしますね。薄く造っておいて、頼りなければ二、三枚重ねて食べればいいんです」

豪快な〝土佐造り〟に対し、江戸前の刺身は繊細で洗練された印象だ。

さて、肝心の味は……。

驚いた！　薬味が生姜や山葵から芥子に変わったというだけで、こんなにも味全体の印象が変わってしまうものなのか！　大袈裟ではなく、本当にそんな新鮮な食感なのだ。

まずは〝焼霜造り〟から。脂の抜けた身の淡泊な味はこの時期の鰹ならではだが、加えて炙った部分の香ばしさが程よいアクセントになっている。対照的に腹身の方は、ほどよく脂が乗っていて、ねっとりとした食感。どちらも芥子醤油でいただくと、不思議に味がまるくなる。山葵や生姜が鋭角的に味を引き締めるのに対し、芥子はまろやかに味をふくらませる、といったらいいだろうか。

「どうして芥子で食べる習慣がすたれたんでしょうかね。鰺や鯖、鮪にも芥子は合いますよ」

たしかにうまい。とはいえ、一匹十万円にも相当する値段だったというから、庶民には高嶺の花。買うほうにも覚悟がいる。

初がつほ人間僅かなぞと買ひ（川柳）

今年の鰹は、〝覚悟〟を決めて、ぜひ芥子でお試しあれ。

【材料】
鰹
芥子、醤油、好みの薬味

【作り方】

鰹は3枚に下ろし、背と腹を切り分ける。背の方は串に刺して表面だけを軽く炙り、すぐに冷水にひたす。腹身はそのまま刺身にする。どちらも厚く切りすぎないように。薬味は大根おろし、ねぎ、茗荷などお好みで。

松魚筒切さじやき

かつおつつぎりさじやき ◉ 料理通

普通、あんまり焼いたりしないんです。
ちょっと鮮度の落ちたものを
こうやって食べたのかもしれませんね。

「松魚」と書いてカツオと読む。これは干した身が松材に似ていることに由来するという。因みに「鰹」は「堅魚」というのが一文字になった字。やはり干した身が堅かったことからついた名だ。生で食べるようになったのは鎌倉時代中期頃からで、それまではもっぱら干し魚として食べられていた。ともあれ、鰹は古くから貴重な食材であった。

　さて、鰹といえばほとんどが刺身か、土佐造り、いわゆる〝たたき〟が普通の食べ方だろう。

「やっぱり生が一番旨いと思いますよ。昔は醤油じゃなくて、刺身に芥子酢とか酢味噌をつけてたみたいですけど、やっぱり醤油が合います」

　鰹の獲れる土佐あたりでは夏みかんの搾り汁をかけて食べたというから、酢を使うのはその流れかもしれない。

「今日は刺身じゃなくて焼いてみました。これは有名な料理屋『八百善』主人が文政五年（一八二二）に著した料理本『料理通』に出てくる『松魚筒切榧油《かやのあぶら》雉焼』という料理ですが、鰹は普通、あんまり焼いたりしないですよ。珍しいです。まあ、もしかしたら、ちょっと鮮度の落ちたやつをこういうふうに食べたのかもしれませんね。この切り方だと、一本の鰹から三切ぐらいしかとれないし、非常に贅沢ですよね」

「筒切」は文字通り胴を輪切りにしたもの。約一寸の厚さに切って串を刺し、油を塗って白焼きにした上、醤油を掛けながら焼く。当時、食用油といえば榧《かや》、大豆、そして荏胡麻《えごま》。

「昔は榧の油を使ったんでしょうが、今ではなかなか手に入らないので、ここでは胡麻油を使いました。初鰹は脂っけが少ないから、油を塗りながら焼いて食味を増すというのは、なかなか理にかなっているんです。〝雉焼き〟というのは、本来は雉の肉を塩と酒で味付けして焼いた、大変高貴な料理なんですが、いってみればその真似なんです。今では鰹や鮪みたいな赤身の魚や、鶏の肉を生醤油で焼く料理のことをいいます。豆腐の雉焼きというのもありますね」

　鰹は身が厚いので「強火の遠火」で時間をかけてじっくり焼いて、芯まで火を通す。

「時間はかかりますよ。もともと赤身の魚は焼いて食べるというのが少ないです。特に初鰹はさっぱりしているから、火

『守貞謾稿』より
《江戸初鰹売》

を通すのには向かない魚なのかもしれないんですけどね」

皮の縞目の美しさを壊さないよう、身の面を交互に焼く。

「ただ、皮に焼き目がついていないと美味しそうに見えないから、まず皮の方を先にあぶります。しかし、なかなか豪快なものでしょう。厚く焼いた方が味の抜けが少ないと思います。一寸というのは、ちょうど口に入る大きさなんですね」

焼きたてを膳に載せると、ほんのりと醤油と焼き身の焦げる匂いが漂って、食欲を誘う。箸をつけると〝年輪〟に沿って身はほろりと崩れた。醤油をつけて紅葉おろしを添えて口に運ぶと、鰹特有の、あのボソボソした食感が、決して嫌な感じにならず、ほどよく口の中で砕けてゆく。酒の肴によし。ご飯のおかずにもよし。見た目の豪快さとともに、ちょっと意表をつかれる食感が味わえる。もちろん、生も旨いのだが、焼いてもなかなかのものなのである。

【材料】
鰹
油（サラダオイルでも胡麻油でも）、醤油

【作り方】
鰹は胴を1寸（約3センチ）ほどの厚さに輪切りにし、腹から背に抜けるように4本ほど串を打つ。
火は「強火の遠火」。両面に油を塗って、まず白焼きにする。身が厚いので芯まで火が通るように、じっくり時間をかけて焼く。八分通り火が通ったら醤油を掛けながら付け焼きにする。
家庭で手軽に焼くなら、フライパンに油をひいて焼いてもよい。
付け合わせには煮抜き豆腐（酒と醤油で煮込んだもの）のさいころと、薬味に紅葉おろしを添える。

生利小鉢

なまりこばち ◉ 料理早指南

ツナの缶詰をよく食べるでしょう。あの感覚で料理に使えばいいんです。

今喰へばいいと不気味なさしみ売り（川柳）

鰹は赤身の魚。新鮮なうちはよいが、足が早い。それでなくても遠く相模の海からはるばる運ばれた魚だ。「お下がり」を頂くころには、少々怪しくなってくる。

「初鰹が入った日には刺身で頂くんですが、二日目になると味はぐっと落ちちゃうでしょう。そしたら生利にするんです。鯖や鯵なら干物にするという手もありますが、鰹は生利にするしかないんです」

生利とは、一言でいえば鰹の身を蒸したもの。その肌が鉛色をしていることから「ナマリ」と呼ばれ、「生利」の字があてられたようだ。

中皿　蒸して乾燥させた身に蓼酢を添える。

ちょっと前まで、生利は惣菜としてよく利用されていたが、ふと気がつくと食卓から姿を消していた、そんな食材の代表的な一品だろう。

「築地でも生利を扱う店は減りました。普通に食べるなら、きゅうりやなんかと酢の物にするか、生姜を入れて甘辛く煮るかですが、若い人たちはそんな食べ方も知らないでしょうね」

確かにとりたてて旨いものでもないし、食卓に欠かせない、というほどのものでもない。ぼそぼそとした独特の食感を嫌う人もいるかもしれない。

「でもね、ツナの缶詰をよく食べるでしょう。あの感覚で料理に使えばいいんです。サラダに入れたり、マヨネーズで和えても十分いけるはずですよ」

では、江戸の人たちはどんなふうに料理していたのだろうか。享和年間の料理本『料理早指南』に「なまり節」料理が六種出ている。その中から、三種選んで作ってみた。

まず「中皿」とあるのは、蒸して乾燥させた生利をそのまま大きめに割いて焼塩を振り、蓼酢を添えたもの。これはスルメやビーフジ

ャーキーみたいな感覚で、むしりながら口に放り込む。こうしてみると、あの独特のぼそぼそ感も、干物ほど堅くなく噛みしめるほどに味が出て、酒の肴にちょうどよい。蓼酢の香りも手伝って、後をひく。これはやめられない。

「蓼がなければ塩と酢、あるいは生醤油でも十分おいしいですよ」

次に「大猪口」。小さく賽の目に切って黒胡麻で和える。

「生利だけだと和えても胡麻がなかなか絡まないんですが、何か青菜を入れると水気が出てよく馴染みますよ」

春菊や芹《せり》と和えると相性がよく、互いの味を引き立てる。

もう一つは「土佐ぶし」。本では「味噌に付十日あまり経て」とあるが、鯖などと同じようにそのまま味噌煮にしてもおいしい。粗挽きの胡椒を振りかけると風味が増す。

「味噌で煮込んでますとね、なんだかビーフシチューを作ってるみたいな雰囲気なんですよ。和製シチューですね」

確かに刺身で食べるのが一番かもしれないが、生利には生利の持ち味があって、妙に懐かしくなったりする。売れ残りを安く買ったばかりに、こんなふうに生利にするしかなかったものもたくさんあったに違いない。

大猪口　賽の目に切って黒胡麻で和える。

土佐ぶし　味噌で煮込み、粗挽きの胡椒を振る。

二日目は矢継ぎ早なり初なまり　抱一

【材料】
鰹
焼塩、酢、蓼
黒胡麻、春菊などの青菜
味噌、胡椒、酒

【作り方】
乾物屋やスーパーなどで生利を売る店もあるが、自宅で作るなら、生の鰹を蒸す。茹でても良いが、蒸したほうが風味が抜けない。味噌煮は焦げつかないように、最初は味噌を酒と水でゆるめに溶いてから煮ること。チャーハンやサラダに入れるなど、工夫次第で素材としての生利は、現代の食卓でもいろんな使い方ができる。ぜひ試してみてほしい。

夏の膳

花火、祭に 鮎、初茄子

歌川広重
「魚づくし」より《鮎》
海の見える杜美術館所蔵

五月末が隅田川の川開き。花火が揚がると、江戸の夏が幕を開ける。秋の神田祭（神田明神）と並ぶ江戸最大の祭、山王祭（日枝神社）が始まると、もう街中が夏一色。路地では枝豆、西瓜、心太《ところてん》などの食べ物が涼をよびました。「ひゃっこい〳〵」の冷水売りの声も涼しげに通って行きます。砂糖入りの甘い水だったそうです。

鯛《たい》や鮃《ひらめ》なんかが三月、四月あたりで終わりになり、代わって登場する夏を代表する白身の魚といえば、鯒《こち》、鱸《すずき》、虎魚《おこぜ》など。鰈《かれい》や鯵《あじ》も旬ですね。蛸《たこ》や烏賊《いか》も夏によく釣れるようです。

鰯《いわし》も年中食べてはいますが、銚子の漁師さんたちは、梅雨時が一番おいしいと言います。〝入梅鰯〟なんていう言葉もあるくらいですから、やっぱり初夏が旬なんでしょう。

野菜だと茄子、胡瓜。今では年中あって旬がなくなっちゃいましたが、その年に初めて茄子や胡瓜を糠味噌に漬けるときというのは楽しみですね。

〝初茄子〟というのも、初鰹に次いで珍重されました。これは四月上旬に駿河から将軍家に献上され、市中に出回るようになるのは五月から。江戸初期には一口茄子など種類も多かったようですが、料理方法としては数百年来目立った変化はないといわれています。

胡瓜よりちょっと前に、白瓜も出てきます。味自体はそれほどでもないんですが、あの独特の歯触りと、見た目の美しさに惹かれて、この時期には頻繁に使っています。

春先から出始めた鮎の稚魚がだんだん大きくなって、塩焼きに出来るくらいになってくると、私は夏を実感します。鮎は「年魚」「香魚」とも書き、日本特産の川魚です。江戸では多摩川産が名物で、夕釣りの鮎は夜中に青梅街道をひた走りに走って、四谷は大木戸の鮎問屋に到着しました。

『料理物語』に、鮎は「なます、汁、さしみ、すし、やきて、かまぼこ、白ぼし、しほ引にしてさかな、さかびて、同うるか、子なしもの、同子を生にていり酒かけよし」とありま

す。白ぼしは干物、さかびては干鮎を酒に浸したもの、うるかはわたの塩辛、子なしものも塩辛のこと。鮎の蒲鉾は今はどこにもないでしょうが、江戸中村座で上演された「義経千本桜」にも登場する吉野の釣瓶鮓は、現在も名物として続いています。

　すしといえば、最も古いのは平安・室町の頃からある近江の鮒ずしで、これは「馴れずし」といい、飯と一緒に漬けて自然発酵させ、食べるのは魚の方。次いで吉野の鮎ずしのように飯も一緒に食べる生馴れ法になり、直接酢を使う「早ずし（箱ずし）」が考案されます。熊笹を巻いて押しをかけたものが「毛抜きずし」という商品名で、江戸の名物でした。

　江戸前の握りずしは、花屋与兵衛（一七九九～一八五八）という鮨屋が完成したといわれています。「与兵衛ずし」の名物である大名好みの「御殿ずし」は、江戸前寿司の典型として昭和の初期まで栄えていました。海老、烏賊、白魚など淡泊な種には、具入りの酢飯で握ります。また、穴子、蛤、鮑などの煮物種にぬる煮ツメは、種ごとに工夫をしました。現代にも受け継がれている江戸前寿司の真骨頂は煮物にありといえます。

　七月十五日、お盆は、正月と並ぶ重要な年中行事で、江戸では七月十二、十三日に盆の市（草市とも）が立ち、灯籠、提灯、素麺、茄子、瓜、蓮の葉などが売られていました。

　家々では精霊棚に酸漿《ほおずき》、瓢箪《ひょうたん》、稲穂、素麺を供え、先祖や神仏の霊を供養しました。また、生きている者に対する礼として、両親や仲人、親類知人に魚を贈ります。その進物を贈答する盆礼が、中元という風習になったのです。

白瓜冷汁《しろうりひやじる》

料理物語

今では冷汁の出番も少なくなりましたけど、昔は冷たいものが大変な御馳走だったと思うんですよ。

材料

白瓜
味噌、鰹出汁
生姜、茗荷

作り方

味噌汁の清まし汁を作る。普通の味噌汁と同じように、鰹の出汁に味噌を溶く。味付けは少し濃いめにしておく。これをクッキングペーパーで漉す。1回だけだとなかなかきれいに澄まないが、2、3度繰り返すか、あるいはクッキングペーパーを何枚か重ねて漉すと、だんだん透明になってゆく。白瓜は縦割りにして種を取り、薄く刻んでから、別に湯がいておく。緑の色がきれいに出る程度に、軽く湯がく。冷水にとり、熱がとれたら水気をよく切る。

器に白瓜、薬味の茗荷と針生姜を入れ、汁を張る。

茗荷は千切り。針生姜は、薄くスライスした生姜を、包丁に角度をつけながら交互に刻む。

冷蔵庫のなかった時代、夏の食卓に涼を呼ぶために、江戸の人たちは様々な工夫を凝らしていた。「冷汁」もそのひとつ。味噌汁を井戸水で冷やした料理である。

「この頃は料理屋さんに行くとね、ただでさえ冷房が効き過ぎているところに、まず冷たいおしぼりが出て、冷たいビールが出て、氷皿に載ったお刺身が出てくる。今ではそんなことが当たり前になって、冷汁の出番も少なくなりましたが、昔は冷たいものは、大変な御馳走だったと思うんですよ」

膳に載った碗をとると、器は掌にひんやり。汁はほどよい冷たさが、やっぱり舌にひんやりとしみわたり、そこから出汁の香りが広がった。碗の中は、まるで清まし汁のように透き通っている。見た目から連想した醤油味のイメージも簡単に裏切られた。これはまぎれもない、味噌汁の風味だ。

「普通の味噌汁は濁っていますよね。これは〝清まし味噌仕立て〟というんです。飲んでみて初めて味噌汁だってわかるでしょう」

江戸の料理本によれば、味噌を和紙でくるんで、今の紅茶のティーバッグのようにして味だけを抽出するのが本式なのだという。

「でもそれじゃあんまり時間がかかりすぎますから。もう少し簡略に、普通に作った味噌汁を、布の袋にでも入れて、ポタリポタリと漉してやればできますよ」

もっと現代風にやるなら、クッキングペーパーで漉してやればいい。一回漉しただけだと、なかなかきれいに澄まないが、何回か同じことを繰り返すと、透明になってゆく。手間は手間だが、やるだけのことはある。

味噌汁の手順は、普通の鰹出汁の味噌汁と同じでよい。た

幕末頃の瓜を網羅した図
《日本国産蓏菓類一覧図》

だし、味は濃いめにしておく。

「冷たくしたものは、いくらか味を濃く仕立てませんと、温かいものよりは薄く感じるんです」

　具は白瓜。今では奈良漬けなど漬物に利用されることが多いが、江戸時代にはもっと一般的な野菜だったのかもしれない。

「昔は、瓜もいまよりいろいろ種類があったんじゃないですかね」

『年中番菜録』（嘉永二年・一八四九）によれば、「胡瓜　はもの皮　なます　定りなり　油あげにてもよし」とした上で、「白瓜　胡瓜に同じ」とある。また『古今料理集』（江戸初期）には、「八月をかぎるべきか　賞翫は夏中たるべし　一、のし瓜第一なり　一、もみ瓜　一、冷汁　一、本汁　一、なます　一、でんがく」とあり、やはり生で食べるのが主流であったことがうかがえる。

「瓜は別にボイルしたものを入れるようにしてます。これだけの記述ですから、入れる瓜の固さがどの程度だったかはわからないんですけど、やっぱり歯触りの食べ物ですから、あんまり煮過ぎてもよくないでしょう。かといって生ってわけにもいきませんから、色がちょっと出るくらいに湯がいて、それを漉した味噌汁と合わせてあります」

　ほどよい歯触りを残した白瓜は、ほんのりとした青臭さを漂わせる。ただ、もしかしたら、どうしても具が白瓜でなければならない、というほどのものでもないかもしれない。

「瓜そのもののことをいえば、冬瓜の方が味はいいし、本でも〝胡瓜に準ずる〟みたいな書き方をされてますから、あまり好んで食べたというほどでもないかもしれません。実際、白瓜って味もそっけもないし、そう美味いもんじゃないですよ。蕪や茄子でもいいんでしょうけどね。ただね、見た目のことをいうと、この白瓜のグリーンがとてもきれいで、涼しげでしょう」

　白瓜は縦割りにして種を取り、半月に刻んである。その形、淡い緑の色、そしてそれらが碗の中で織りなす文様……琳派の絵を現代風に抽象したら、こんな感じになるのかな、と思わせるような、不思議な美しさをたたえている。それも汁が澄んでいるからこその芸当だろう。

　そして薬味の「針生姜」。

「本当の針生姜というのは、片方が尖っているんです。同じ太さの千切りとは違って、包丁を交互に動かして切るので、ちゃんと針形になっています。食べてみると、細いところと太いところの食感が微妙に違いますよ」

　薬味の生姜など、脇役に過ぎない存在とはいえ、これだけで生姜の味がぐんと引き立つ。そんなちょっとしたことにもこだわる包丁人がいて、またそれを賞味し楽しむ人もいる。日本人の感覚の、なんと繊細なことか。

夏の凝り《なつのこごり》

江戸の人たちにとっては、暑い夏をどうやってやりすごすか、というのは、切実な問題だったと思うんですよ。

料理伊呂波庖丁

清滝の水汲ませてやところてん　芭蕉

うだるような夏の日のこと。さる大家の若旦那が病の床についた。医者は「何か思い込んでいるので、それをかなえてやれば治る」という。幼なじみの番頭が尋ねてみると、若旦那は恥ずかしそうに一言「みかんが食べたい」。そんなことならまかせておけと安請け合いした番頭だが、夏の最中にみかんを手に入れるのは至難の業。八方探して行き着いた神田のみかん問屋、万屋《よろずや》に、たったひとつ、あるにはあった。ところが値がひとつ千両。その千両みかんを食べた若旦那、十房のうち七房まで食べ、両親と番頭にと三房残した。それを預かった番頭は、頭の中で「千両で十房、三房で……」と算盤をはじいてそのまま姿をくらました……。

　ご存じ「千両みかん」の一席。

「どこに行ってもクーラーが効いていて、食べるものにも季節感がなくなってしまった今の人には、実感がないかもしれませんが、江戸の人たちにとっては、暑い夏をどうやってやりすごすか、というのは、切実な問題だったと思うんですよ。みかんに千両は極端にしても、そんな涼しげな演出にお金を出すというのは、今思うほど荒唐無稽な話ではなかったかもしれません」

　そこで今回とりあげたのが「夏の凝り」。「煮凝り」は本来、冬のものだ。というのも、魚などに含まれていたゼラチン質が煮汁に溶けだして、低温で固まってできたものが「煮凝り」。暑い夏だと溶けてしまう。とはいえ、そのゼリーのような見た目は、いかにも涼やかだ。なんとかこの煮凝りを夏の食膳に載せられないか、と頭をひねった一品なのである。

「たねを明かせば、寒天、つまり心太《ところてん》を使っているんです」

　心太は海草のテングサを煮出して寒天質を抽出し、冷し固めたもの。その歴史は古く、正倉院の記録にも見られるという。いったん凍結させた心太を乾燥させた「寒天」が発明されたのは江戸時代になってからのこと。

「ところてん黄粉砂糖は嫁のぶん」と川柳にもあるように、心太は今と同じように酢醤油で、あるいはきな粉や黒蜜で食べるのが一般的だった。

「昔も今も、和菓子には欠かせない素材ですよね。江戸の料理本を見ると、刺身の付け合わせなんかにも使っていたようです」

　その心太を応用したのが、この「夏の凝り」である。

材料

◆寒天、鱸、車海老
オクラ、椎茸
醤油、酒、砂糖、塩
◆寒天、大根、鰹節、味噌

作り方

◆あらかじめ魚のアラでスープをとり、酒を少々加え、醤油、砂糖、塩で味を調えておく。具の材料はそれぞれ煮える時間が違うので、個々に下茹でしておいて、あとでスープと合わせ、寒天を加えて2、3分煮たら器に入れて、冷ます。
◆大根の味噌汁は、濃いめにとった鰹の出汁で味噌汁を作り、汁を何度か漉して透明にしてから寒天を混ぜて、冷ます。

江戸時代のこと、冷房はもちろん、扇風機さえない。昼間の暑さの余韻が漂う夕暮れ、簾のかかった風通しのよい離れ家、あるいは庭先などで、涼しげに演出されたお膳にこの料理が載るところを想像してみてほしい。井戸水でほどよく冷やされたその鉢のまわりには、露がおいている。どうです、涼しそうでしょう。

さて肝心のお味は。

ぷるぷるとしたゼリーをまず一口。鱸、車海老、オクラ、椎茸と彩りも鮮やかな具の、それぞれの凝縮された味がなじんで、ふっくらとからみあって、とても豊かな味わいだ。正直言って、これは見た目の料理だと考えていたが、とんでもない。恐れ入りました。

「これは魚のアラでスープをとってますが、鰹節や昆布は使ってないんです。大根の味噌汁の方は、たっぷりと鰹で出汁をとってますけどね」

「大根の味噌汁の凝り」の方は、具は大根だけ。味噌汁の汁を透明になるまで漉して、同じように寒天を混ぜて固めたものだ。こちらは「味噌汁」という感じはまったくしない。しみだした大根のうま味が、鰹の出汁で引き立てられて、まさに「大根の煮凝り」といった感じ。

「彩りに青菜など、青いものを加えてもきれいですよ」

いずれにしても、この料理は、冷房を切って風を通し、冷蔵庫じゃなくて井戸水くらいの程よい冷たさで、団扇片手にいただきたいものだ。

心太売りは一本半に呼び（川柳）

「ところォてんやー、てんやぁー」

心太売りの呼び声は「一本半」と相場が決まっていたという。江戸の街角に涼を呼ぶ、夏の風物詩だった。

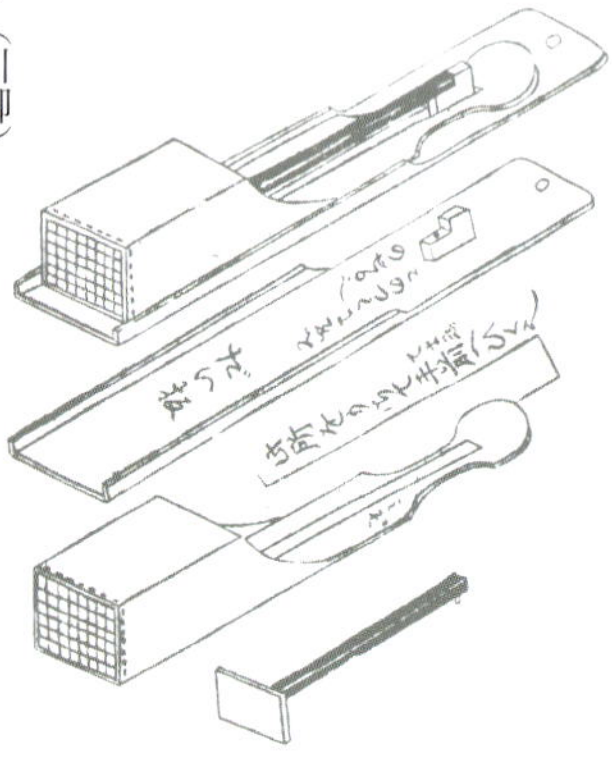

寒天は江戸時代に発明された。
［左］心太を押し出す道具。
『豆腐百珍続編』より

豆腐麪《とうふめん》

実は麵類の中で一番古いのは素麵なんですよ。

❖豆腐百珍

とうふ屋が来る昼皃《ひるがお》が咲にけり　一茶

今回の料理は「豆腐麪（麵）」。名前を聞いて、豆腐をうどんのように細切りにしたものかと思ったら、出てきた料理は全然違った。

「おなじみの『豆腐百珍』（天明二年・一七八二）にある料理なんですが、ちょっと変わってるでしょう」

確かに変わっている。豆腐料理とはいえ、主役は素麵。簡単にいうと、茹でた素麵に青菜と豆腐を加えて炒め、醤油で味付けしたもの。沖縄のソーミンチャンプルー、あるいは焼きビーフンにも近い印象だ。

「細きこと糸のごとく白きこと雪のごとし」と讃えた『日本山海名物図会』（宝暦4年・1754）の「大和三輪索麵」の図。味の素 食の文化センター所蔵

「『豆腐百珍』の中でも、油を使って揚げたり炒めたりする料理は、全体の一割ほどしかありません。江戸の庶民にとって、油はまだまだ高級品だったんだと思います。それにもし、油が今のように普及していたら、火事がもっと多かったんじゃないかな。竈では火加減の調節も難しかったでしょうし」

さて、素麵だ。江戸の麵というと、蕎麦、うどんというイメージが強いのだが……。

「実は麵類の中で一番古いのは素麵なんですよ」

素麵は「索餅《さくべい》」の名で、すでに平安時代の文献『延喜式』にも登場している。もともとは中国から伝わったものらしい。ただこれは、今日私たちが食べている素麵とは、ちょっと違ったものだったようだ。索餅は「麦縄」ともいい、小麦粉と米粉と塩を混ぜてこね、縄のようにより合わせて、茹でたり油で揚げたりしたものだったらしい。もっとも『和漢三才図会』（正徳二年・一七一二）の「索餅」の項には「索餅ハ俗ニ云素麪也」とあるから、素麵の原型みたいなものなのかもしれない。

素麵を七夕に食べるという風習も、実はこの索餅に由来している。その起源は、古代中国の伝説上の故事にまで遡るらしい。曰く、帝嚳高辛《ていこくこうしん》氏の幼子が七月七日に死んだ。その霊が鬼神になって〝おこり〟を流行らせた。そこでその子が生前好きだった索餅を供えて慰めた……。索餅といっしょにこの故事が伝わったのか、日本では平安朝の昔から、七月七日、七夕の節句に、節供として宮中に索餅が献じられる習慣があった。

江戸時代になると、索餅は素麵に入れ替わるが、七夕には牽牛神・織姫神への供え物として、あるいは〝おこり〟除けのまじないとして、男女貴賤を問わず、素麵を食べるという風習が残っていた。

「このころの意識としては、素麵を織姫の糸に見立てていたのだと思うんですが、どうでしょう。いずれにせよ、素麵は結構食べられていたはずなんです。ただ、蕎麦、うどんに比べると、日常的ではなかったのかもしれませんね」

実際、各地に〝名物〟素麵があったという記録が残っている。正保二年（一六四五）の俳書『毛吹草』には、山城の人徳寺蒸素麵、武蔵の久我素麵、越前の丸岡素麵、能登の和嶋素麵、備前の岡山素麵、長門の長府素麵、伊豫の松山素麵などが紹介されている。また『和漢三才図会』では備州（広島）の三原、奥州（福島）の三春のものが細く、白く美しい、豫州（愛媛）阿州（徳島）のものも劣らないとしながら、大和の三輪は古くから名物と言われているのに「佳ならず」とし、摂州大坂が最も生産量が多いと記してある。

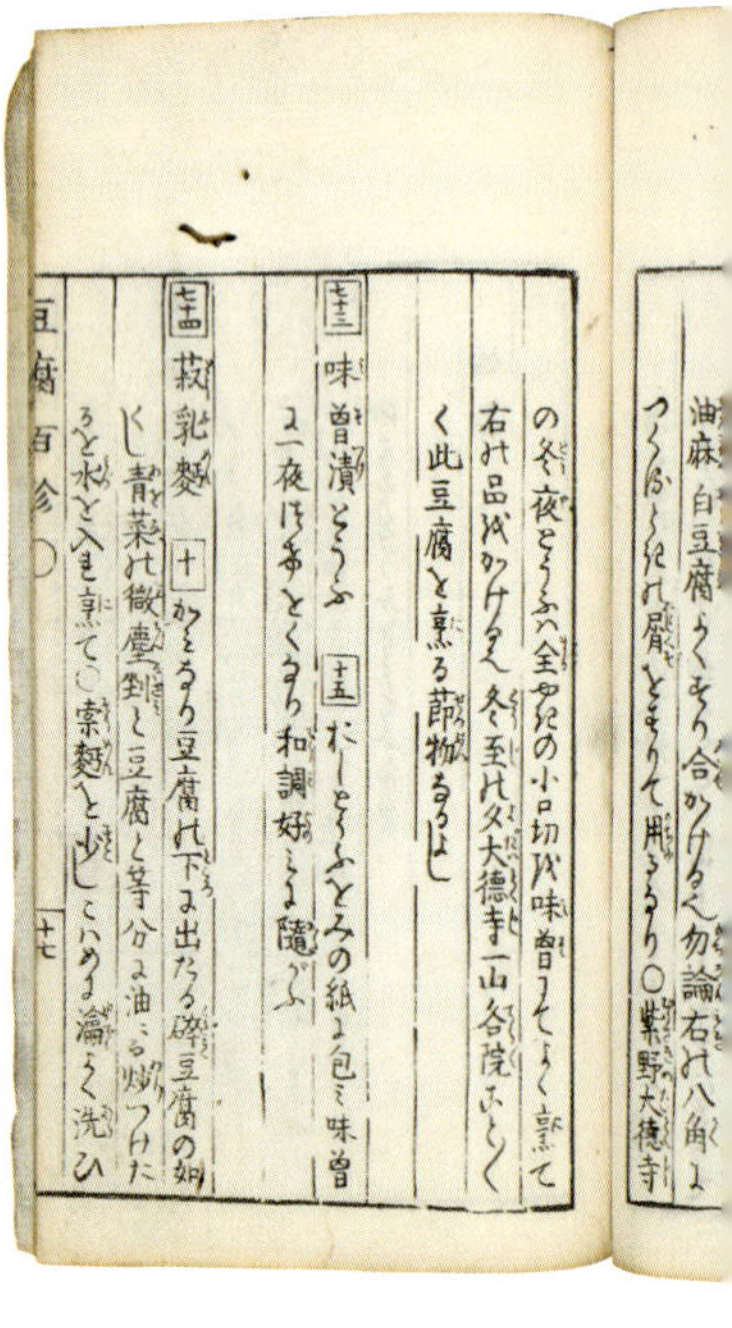
豆腐百珍
七十三 味噌漬とうふ
七十四 菽乳麪

『豆腐百珍』より
「豆腐麪」の記述

ともあれ、今では茹でた麵を冷やして、汁で食べる〝冷素麵〟が最もポピュラーな食べ方だが、実はこの冷素麵、素麵の歴史からいえばごく新しい食べ方らしい。というのは、索餅の時代から味噌や醬油味で煮る〝煮麵（入麵）〟が主流で、冷やして食べるようになったのは江戸中期からともいわれている。そんな中、この「豆腐麪」のように素麵を油で炒めて食べるというのは、かなり異色の調理法だろう。

「料理法としては完全に中華ですね。これが豆腐料理として残っているのが面白いじゃないですか」

素麵というとあっさり、という印象が強いが、胡麻油で炒めた豆腐麪にはボリューム感がある。かといって、しつこいわけではない。そこは細くて淡泊な素麵のこと。その繊細な

食感を包む、胡麻油の香ばしい風味に、青菜がさわやかなアクセントになって、ついつい箸が進む。純和風な冷素麺や入麺の印象とはかけ離れており、江戸の人たちの中にも確かに流れていた〝アジア人〟としての血を感じさせる一品である。「おいしいでしょう。お手軽ですが、味も栄養もばっちりですから、ぜひ試してみて下さい」

七夕や秋を定むる夜のはじめ　芭蕉

江戸の七夕は旧暦だから、もう秋の入り口。夏バテで体力も食欲も停滞気味の時には、もってこいの一品だ。

材料

素麺、木綿豆腐、青菜（小松菜）
胡麻油、醬油

作り方

豆腐は硬めの木綿豆腐を用意し、よく水を切っておく。素麺はわずかに芯が残るくらい、パスタでいうアルデンテの状態に、固めに茹でておく。中華鍋を熱し、胡麻油を入れてなじませ、まず豆腐を手でつかんで崩しながら入れる。みじん切りにした青菜を入れ、醬油で味を調える。今回は小松菜を使ったが、青菜はなにを使っても良い。最後に素麺を入れ、強火で一気に炒める。

玉子蓮《たまごはす》

穴が空いてたら何か詰めたくなるのが人情でしょう。

❖料理物語

蓮根といえば、蓮の花が枯れ、実が落ちてから掘り出すので、秋から冬のもの、という印象が強い。お正月のお節料理の煮染めにも欠かせない素材だから、やはり冬のものと思われがちだ。

「でもね、河岸に〝新蓮〟として出てくるのは初夏なんです」

この時期の蓮根は皮が薄く、アクが少ない。色も白くて、冬の蓮根とは一味違う繊細な味わいが楽しめる。

「ちょっと前までは、地のもの、このへんですと茨城あたりですが、お盆の頃に出てきてました」

「玉子蓮」は、そんな旬の新蓮を使った一品だ。出典は江戸の初期、寛永年間の本『料理物語』。記述はわずか一行、「玉子はす　蓮の中へたま子のきなるところばかりながし入　口をしてゆでゝきり出し候」とあるだけだが、今回は茹で玉子を使った。

「茹で玉子の黄身だけ取り出して裏漉しし、砂糖を混ぜてあります。お正月に食べる錦玉子の黄身の方だけを蓮根の穴に詰めると思えばいいです」

蓮根は、放っておくとすぐに黒く変色してしまう。特にこの時期の蓮根はとても繊細だから、河岸でも濡れ布巾に包んだりと、扱いには非常に気を使っているという。

「アクを抜いてまっ白にするには、お酢たっぷりの水でボイルするのが手軽です。歯触りがなくならない頃を見計らって取り上げ、冷ましておきます」

冷めたらいよいよ玉子を詰め込むのだが、これがなかなか難しい。

「以前、芥子蓮根屋さんで見せてもらったんですけど、芥子がたっぷり入ったところに、両端を切り落とした蓮根を縦に差し込むんですね。そうするとピューッと芥子が入っていく。もっとも芥子が大量にあるからできることで、玉子ではそうはいきません」

ここは地道に少しずつ落し込んでいくしかなさそうだ。

「中くらいの蓮根一節、十五センチほどで、玉子五、六個が目安ですね。あんまり長いと大変ですから、適当な長さで両端を切り落としてからやったほうが、詰めやすいです」

詰めただけではまだ不十分。

「このままだと、スライスした時に、玉子が抜けちゃうんですよ。合わせてからもう一度、軽く蒸し上げて下さい」

蒸すことで、玉子がきっちりと蓮根の穴に定着し、薄く切っても黄身がこぼれ落ちにくくなる。

さて、そうやって出来た「玉子蓮」。一見して「芥子蓮

『料理通』挿絵より、
蓮根と慈姑

材料

蓮根、玉子
酢、砂糖

作り方

蓮根はお酢をたっぷりくわえた水で歯触りを残す程度に茹で、冷ましておく。玉子は茹でて黄身だけを取り出し、裏漉しして砂糖を加える。蓮の両端を切り落とし、穴に玉子を詰める。水気が残っているとストンと抜けてしまうので注意。しっかり詰めたら、軽く蒸す。スライスしてから時間がたつと黄身がやせて落ちやすくなるので、食べる直前に切るとよい。

根」を思い浮かべた人もいるだろうが、たぶんこちらの方が歴史は古い。小振りの蓮根の素肌に、黄金色の玉子の取り合わせ——これはちょっと息を呑むような美しさだ。

「初めは見た目の美しさをねらって考え出した料理じゃないでしょうか」

そうだとすれば、大成功というべきだろう。しかし料理なんだからおいしくなくては話にならない。

味はというと、蓮根は「酢蓮」そのもの。軽い酸味にしゃきしゃきとした歯触り。そこに甘味のついた、モソッとした玉子の黄身が入っている。そんな相反する二つの味と感触が混ざり合うと——。

思い浮かべた双方のイメージは見事に裏切られて、口の中でけんかすることなく、お互いを引き立て合う。蓮根の酸味も玉子の甘味と溶け合って、ちょうどよい具合。絶妙なバランスだ。

「挽き肉だと二度挽きして細かくしないと、穴に定着させるのは難しいでしょうけど、たとえば海老のすり身なんかならきれいかもしれませんね。枝豆をつぶして詰めるときれいかもしれませんよ」

玉子の黄、海老の赤、枝豆の緑、そんな素材をひと穴毎に詰めて、彩りも鮮やかに、なんていうのはどうだろう。

「ピーマンの肉詰め、なんてのもあるように、穴が空いてたら何か詰めたくなるのが人情でしょう」

小茄子蓼漬《こなすたでづけ》

蓼は川魚料理には欠かせない香辛料です。和製ハーブといえばわかりやすいかな。

❖料理珍味集

五月の連休を過ぎた頃から八百屋の店先に地の茄子が並び始める。

「煮てよし焼いてよし、揚げても漬けてもおいしい。茄子はほんとに調法な食材ですよね」

茄子料理は江戸の料理本にもたくさん登場するが、大方は晩夏から秋口のものが多い。そんな中から、見た目もさわやかな、初夏向きの一品「小茄子蓼漬」を選んだ。

さて「蓼食う虫も好き好き」とはよく聞く諺だが、その「蓼」の正体を知っている人が、どれほどいることか。

「鮎のシーズンになると、築地の市場に出てきます。川魚料理には欠かせない香辛料です。和製ハーブといえばわかりやすいかな」

食用になるのはヤナギタデという種類で、川原などに普通に生える雑草だが、今では鮎の塩焼きにつく「蓼酢」に使う以外、あんまりお目にかかることはない。

その蓼を、漬物に使ったのが、この「小茄子蓼漬」である。出典は『料理珍味集』。「蓼漬　もぎなすび丸ながら蓼にて漬る　しほを強くおもしつよく掛る　鮓のごとし　明年迄いろかはらず香の物のごとし」とある。

「そんな風に書いてあったから、これはいい、とさっそくやってみたんですよ。というのは、茄子の塩漬けはどうしたって二、三日で茶色っぽく色が変わっちゃうでしょう。それが〝明年まで色変わらず〟っていうんですから」

今のように冷蔵庫があったわけでもなく、もちろん保存料が開発されていたわけでもない。そんな時代に、保存食を確保することは、切実な問題だっただろう。だからこそ、江戸の保存食には人々の知恵と経験が生かされていた――と思ったのだったが……。

「書いてあるとおりにやってみたらね、肝心の蓼の葉が塩で萎れてくしゃくしゃになっちゃって、色も変な具合になってきた。茄子の方も日持ちするわけでもなく、全然効果がない

んですよ」

昔の野生の蓼でなければいけなかったのか、とも思ったが、そういう問題でもないらしい。

「山形あたりでは、色を止めるために、焼酎に砂糖を混ぜて漬け込むそうです。茄子と同じくらいの石ころをいっしょに漬けたりすることもあるそうですよ。さらに重しをするから、よく漬かって、色も鮮やかになるみたいですね」

とにかく蓼では、色止めの効果も日持ちの効果も、試した限りでは全然得られなかった。

「原本に当たってないからなんとも言えませんが、案外〝明年迄〟というのが、実は〝明日迄〟の読み違えだったりして……。古い本の場合、読み違えは往々にしてあるんです。崩し字だからなかなか読めないでしょう。またそういうところが、こういうものの面白さでもあるんですがね」

蓼を使うことに意味がないかというと、そんなことはない。

「お料理として見た場合、なかなか洒落てていいでしょう」

たしかに、茄子の紫に蓼の緑が見た目にも鮮やかで美しい。さっぱりとした塩漬けに蓼のピリッとした辛味がアクセントになって、ご飯のおかずでも酒の肴でも合いそうだ。

「材料は小茄子がいい。パリパリとした歯触りが持ち味ですね。大きいと外はしっかりしてても、漬けたら果肉がしわっとしてしまいますから」

とはいえ、長く漬け込むと蓼の葉の鮮やかな緑色は失われ、きたならしくなってしまう。

「そこでね、漬け込む時はもちろんいっしょに入れるんですが、お客さんに出す直前に、新しい蓼の葉を添えるようにしてるんです」

これなら蓼の風味も、見た目の美しさも、ともにそこなわれることはない。食べ慣れた茄子の塩漬けとは一味違って、ついもうひとつ、と箸が伸びる。

材料

小茄子、蓼
塩

作り方

まず海水よりやや薄めの塩水を用意し、沸かして完全に塩を溶かす。小茄子はヘタを取り、ボウルに入れて軽く塩を振って転がし、塩を馴染ませておく。この茄子と蓼の葉を交互に重ね、冷ました塩水を合わせて漬け込む。茄子の色を鮮やかに保つには、漬け込む際に薬屋で売っている焼きミョウバンを塩水に溶かすとよい。食べる時には蓼の葉を新鮮なものと取り替えると、見た目にも美しくなる。

紫は藍に勝るか？
鰯VS鮎
二番勝負

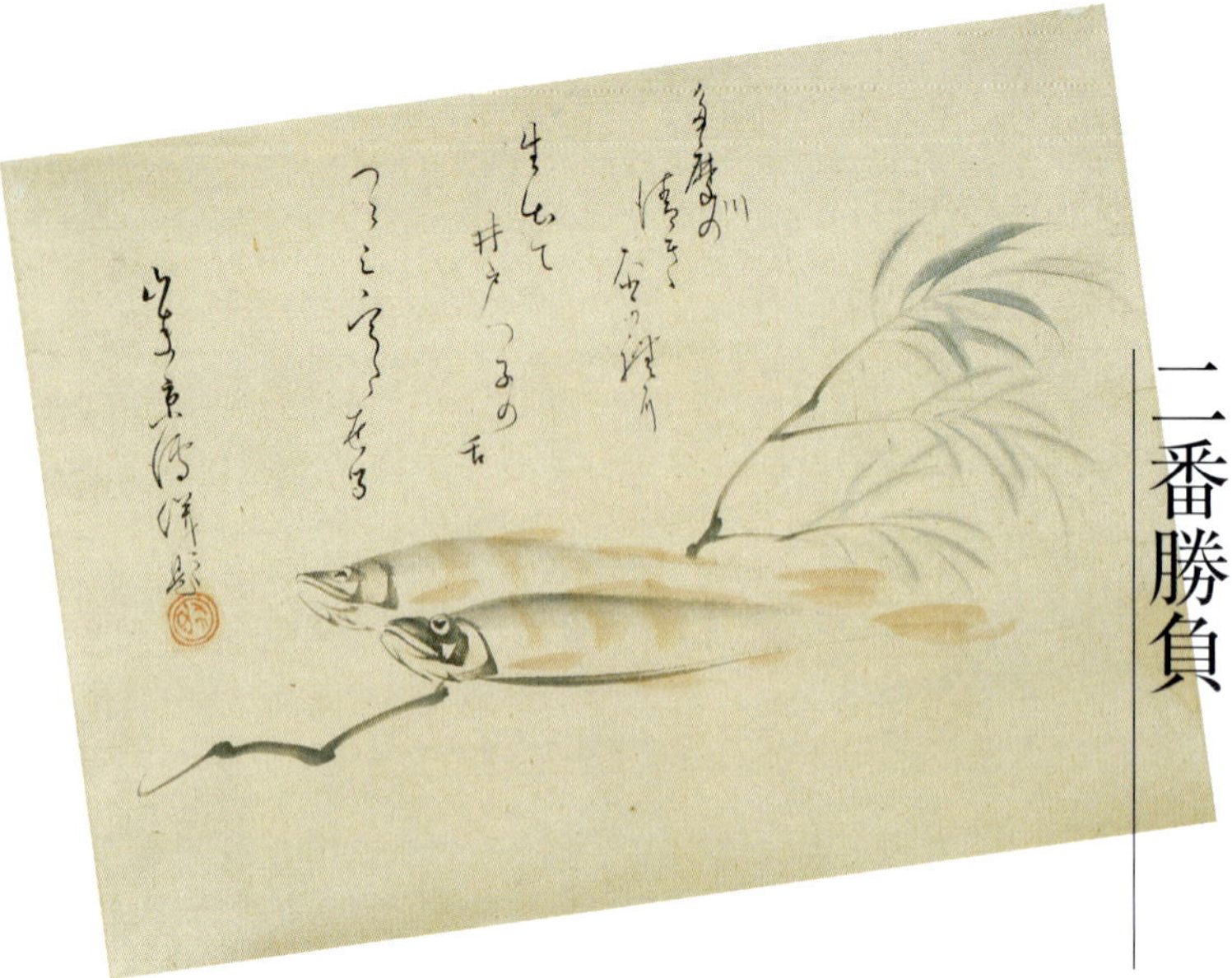

山東京伝《鮎》「多摩川の清き奈可禮に生出て井戸つるの舌つつミ宇多世る」

日の本にいはゝれ給ふいはしみづ
まゐらぬ人はあらじとぞ思ふ

時代は平安、京の都でのこと。紫式部は鰯が大好物だった――かどうかはわからないが、下賤な魚とされている鰯を食べたことを夫に笑われた時に、彼女はこの歌を詠んで応酬し、夫を恥じ入らせた、と伝えられている……。

これは〝岩清水〟と〝鰯〟をかけて、後に創作された説話でしょうね。江戸期から現代まで、延々と語り継がれてきた話のようです。ところが、よく調べてみるとこの話、実は『御伽草子』の「猿源氏草紙」というのが原典で、鰯を食べたのは紫式部ではなく、和泉式部だったんです。

ついでにいえば、和泉式部の夫・保昌は、「(鰯は)はだへをあたゝめ、ことに女の顔色をます、薬魚なれば、用ひ給ひしをとがめしことよ」と後悔したと書いてあります。

なぜ和泉式部が紫式部に入れ替わったのか？　当時、鰯のことを女房詞で「紫」あるいは「おむら」と言ったようですから、紫式部の方が話にしやすかったのかもしれませんね。ともあれ、果たして紫式部でも和泉式部でも、新鮮な生の鰯を食べられたかどうか……はなはだ疑問です。

「おむら」すなわち「紫」の語源は、鰯の肌色に由来します。紫は藍に勝る、とも言いますね。これは色の格として紫の方が藍よりも上位だということにかけて、鰯は鮎に勝る、と言ってるんです。つまり、下賤な魚の代表みたいにいわれている鰯ですが、どっこい、ばかにするもんじゃない、うまいんだぞ！　ということを説いた説話なんですね。

果たして紫（鰯）は藍（鮎）に勝るのか？　鰯と鮎の江戸料理二番勝負。

鰯焼味噌和え《いわしやきみそあえ》

❖臨時客応接

もし、和泉式部が見た鰯が紫だったとしたら、それは相当日のたったものだったのかもしれません。

「鰯のことを女房詞《ことば》で『紫』『おむら』なんていいますが、銚子あたりで揚がったばかりの鰯を見ると、緑がかったものがあったり、藍色のときがあったりするけれど、紫色というのはお目にかかったことはないです。もし、右の話のように紫式部、いや、和泉式部が見た鰯が紫だったとしたら、それは相当日のたったものだったのかもしれません。ともあれ、鰯というのは、これはもう本当においしいんです。ただ、なかなか本当においしい鰯にめぐり合わないもんですから、誤解されてるんですよ」

材料
鰯、味噌
赤唐辛子

作り方
不要の小皿に味噌を塗り付け、火で焙り、焼味噌を作る。唐辛子は種を抜いてみじんに刻み、鍋でからいりする。鰯を手開きにし、割くようにちぎる。焼味噌で和え、赤唐辛子をふる。

脂の乗った新鮮な鰯を炭火で焼いて、大根おろしをたっぷり添えていただく……その味を知っている人なら、思い浮かべただけでも垂涎モノ。

でもそれでは芸がないので、ちょっと目先を変えて、牛の鰯をいただく。といっても、よくある「たたき」ではない。出典は幕末の料理本『臨時客応接』である。

「鰯　身をさきて　焼みそたゝきまぜ　焼とふがらしを少しふりかける」

とある。なんとも単純な料理だ。活きのいい鰯を手でむしり、焼味噌と和える。

「包丁で切ると、切り口が平板になって味噌がからみにくくなりますから、手で割いて下さい。小さな鰯なら皮付のままでも大丈夫」

味噌は小皿などに薄く塗り込め、炭火で焙るように焼いて焦げ目をつける。

「家庭でやるんでしたら、アルミホイルに味噌を塗って、オーブントースターで焼いてもいいです。ただし、味噌はちょっと贅沢をして、高いやつを使って下さい」

こうして焼いた味噌と、割いた鰯を手早く混ぜる。鰯の新鮮さとほんのり熱をもった焼味噌の風味が命だから、和えたら時間を置かずにいただいた方がよい。唐辛子を散らして出来上がり。

まずは一口。焼味噌の芳ばしい香りの中に、むっちりと弾力のある鰯の歯ごたえ。もっと生臭いかと思ったが、焼味噌の強い風味が鰯のくせを程よく中和して、うまみばかりが引き立ってくる。これは左党にはこたえられない肴だ。もちろん、ご飯にも合う。熱々のご飯に載せて食べたら、何杯でもおかわりしてしまいそう。

本来は水揚げしたばかりの鰯を、漁師さんが浜で食べたものなのかもしれない。房総には「ナメロウ」という、鰯や鯵、秋刀魚など青い魚を味噌で和えて食べる郷土料理があるそうだ。生魚というと、現代人はついつい醤油で食べてしまうが、この味噌味も捨てがたい。

「一度鯵でやってみたことがあるんですけど、どういう加減か、鰯の方がうまいんです。鯵には鯵、鰯には鰯の味がある。これに葱なり青じそなりを入れたら、味が複雑になるんですけど、やっぱりこの単純さがいいですね」

お内儀の手をおんのける鰯売（川柳）

夕暮れの江戸の街角に、鰯売りの声が響く。と、一山いくらで売る鰯の中から、少しでも大きいのを選ぼうと、内儀さんが手を伸ばす。そうはさせじとする鰯売り。つい戦前まで、普通に見られた江戸の夕暮れの一こまである。

鰯はんぺん《いわしはんぺん》

うちでも親父はよく
自分で蒲鉾を焼いてました。
料理屋では自家製が普通だったんでしょうね。

◆黒白精味集

材料

鰯、おから
生姜、山葵、塩、酒、卵白

作り方

鰯は頭とわたを取って3枚に下ろし、細かく叩いてから皮、小骨ごとすり鉢やフードプロセッサーですりおろして裏漉し、生姜をたっぷり搾り込む。すり身をまな板の上で包丁の腹を使って練り込み、程よい粘りがでたら塩と酒をほんの少々加え、つなぎに卵白を入れる。おからもあらかじめまな板の上で包丁を使ってよくならし、滑らかになったものを、先のすり身と合わせて、さらに良く練る。原文には鰯が少ない方がよいとあるが、ボソボソになるので7対3で鰯を多くした方がよい。練り上がったら板につけて、最初は強火で3〜4分、色が変わったら中火にして15〜20分、蒸し上げる。

江戸中期の延享三年（一七四六）、八代将軍吉宗が引退し、家重が九代将軍に就任した翌年であり、この年、竹田出雲が竹本座で「菅原伝授手習鑑」を初演している。ちなみに同じ竹本座で「仮名手本忠臣蔵」が初演されたのは、その二年後のこと。そんな時代に刊行された料理本『黒白精味集』に、「鰯半弁汁」という料理が載っている。

「きらずを細に摺こして鰯の摺身等分よりいわしの少き方よし　板に付かまぼこ形又は角にしても紙か布に包湯煮して切形して中みそ薄き方よし　さいのめ　おろし大根　あられ豆腐抔《など》など取合よし　又おろし大根蠣汁の妻もよし　此半弁吸物にもよし」

「きらず」とは卯の花、おからのこと。これは、おからと鰯で作った練り物である。ともに安さにおいては今も変わらぬ、庶民の食材の代表格。

「ところがね、『豆腐百珍』なんかみても、おからを使った

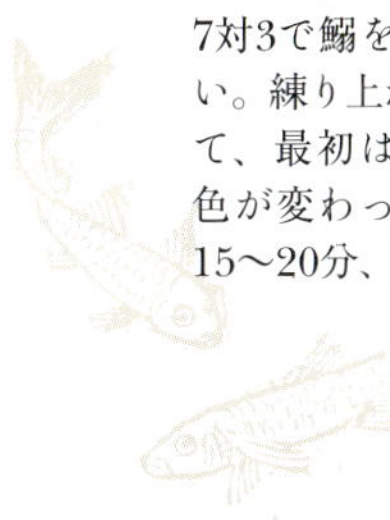

『和漢三才図会』より《鰯》

料理はほんの数品しか出てないんですよ」

　現代もおからが食膳にのぼる機会は減っているが、つい最近までお惣菜の主役だったことは間違いない。

　一方の鰯は、銚子あたりで「入梅鰯」といわれるように初夏が旬とか、あるいは脂の乗った冬がいいとか、節分には欠かせないとか、要するに季節を問わずに食される、今も昔も食卓の常連である。

「本にある通り、つみれにして汁物に使ってもいいんですが、今日は蒲鉾風に仕立ててみました」

　蒲鉾そのものの歴史は非常に古く、平安時代の書物にすでに記載されている。当時は魚のすり身を串にぬりつけて焼いたらしい。その形が蒲の穂に似ていたことから「蒲鉾」の名がついた。

　江戸時代も蒲鉾は保存食として、一般の家庭でもよく作られていたらしい。このころには「小板蒲鉾」といって、箆《へら》状に切った杉板にすり身をぬりつけ、焼いていた。

「うちでも親父はよく自分で蒲鉾を焼いてました。料理屋では自家製が普通だったんでしょうね」

　ただ、そのほとんどは鯛、平目、鱈など白身の魚を材料にしていた。鰯のような赤身の魚は、脂が多く保存には適さなかったのだろう。今でも蒲鉾といえば白身というのが常識だ。

「鰯は頭を取って三枚に下ろし、細かく叩いてからすり鉢ですります。それを裏漉ししてまな板の上で、包丁を使って練るんです」

　この「練り」がなかなか難しい。練るにつれ、「あし」と呼ばれる粘りが出てくるのだが、その「あし」が足りなくても、また出すぎても、あのぷりっとした蒲鉾の歯触りは得られない。

「練りながら、その頂点を手の感覚でつかむんですね」

　丹念に練ったらほんのわずか、塩とお酒を入れ、つなぎに卵白を加えて、よく混ざったところにおからを合わせ、さらに練り込む。

「蒲鉾の板は、食べた後捨てないでとっておくと、こういう時に役に立ちますよ」

　板につけたら蒸し上げて出来上がり。おからが入っているから、良く切れる包丁でないと、切り口がボソボソになってしまう。

　で、その口当たりも、やはり見た目の通りボソボソかと思ったら、これが意外。確かに粒子は荒く、蒲鉾のようなぷりぷり感はないものの、このざらりとしながらもとろけるような舌触り、どこかで味わったことがある。そう、レバーだ。味は淡泊。鰯の臭みは見事に抑えられている。口のなかでほろりとくだけ、ふんわりと鰯の風味が広がってゆく。

「臭みを消すのに、鰯には生姜をたっぷりと搾り込んであります。鰯には芥子なんかの方が合うのかもしれませんが、今回は蒲鉾風ということで山葵にしてみました。これもなかなかいけるでしょう」

鮎飯《あゆめし》

日本各地でいろんな鮎を食べましたが、やはり長良川上流のものが最高だと思います。

❖玉川鮎御用中日記

またたぐひ長良の川の鮎鱠　芭蕉

日本各地を旅した芭蕉が「類ひなからむ」の「なから」を「長良」にかけて賞したのが、長良川の鮎。

「私も日本各地でいろんな鮎を食べましたが、やはり長良川上流のものが最高だと思います」

六月の第二週、長良川上流域の鮎漁が解禁になると、魚河岸に郡上産の天然鮎が入荷する。急流に揉まれた郡上の鮎は、ナイフのようにスマートにひきしまっている。

「漁師さんの漁場は、各々どこの淵、どの瀬と決っていて、その場所によって鮎の顔つきまで違うっていうんです。我々にはなかなかそこまではわかりませんけどね」

この長良川の鮎が、江戸時代、はるばる江戸に運ばれて、将軍さまに献上されていたという。もちろん、生ではない。なれずし、つまり塩漬けした魚の腹に飯を詰め、押したもので、最も原始的なすしの形だ。琵琶湖の〝鮒ずし〟、吉野の〝釣瓶ずし〟などがなれずしとしては有名だが、美濃の〝鮎ずし〟も歴史は古く、平安の昔から、都人の間で珍重されていたという。〝美濃の鮎ずし〟が将軍に献上されるようになったのは、大坂夏の陣の帰路、家康、秀忠が鵜飼いを見た時に献じられたのが最初だとか、大久保長安の命で献上したのが始まりだとか伝わっている。以来、徳川のすべての将軍に、毎年四月から八月まで、十数回も鮎ずしが江戸に登ったというから、歴代の将軍さまは、みんなよほどの鮎好きだったのだろう。

さて、江戸の鮎（もちろん生）といえば、玉川（多摩川）産が主流だった。こちらは新鮮さが勝負。獲れたての鮎を籠に入れ、若い女性が頭に載せて、玉川流域から四谷塩町の鮎問屋まで、夜を徹して運んできた。この時、「狐などの魚を窺ふを防ぐ」（『西駅竹枝考証』）ために、売り子たちは新宿名物として知られた「鮎

材料

鮎
醤油、酒、米、蓼

作り方

米に醤油と酒を適量加えて、茶飯仕立てのご飯を炊く。鮎は塩焼きにしてから身をほぐし、骨と頭を除いて茶飯に混ぜる。養殖の鮎なら3枚に下ろし、しばらく干して風に当てると、鮎らしい香りを引き出すことが出来る。蓼の葉を添えると、より風味が増す。

歌」を歌いながら歩いたのだという（平野雅章『江戸美味い物帖』廣済堂出版）。
「瀧井孝作に、いい句があります。鮎籠や武蔵野の原を通り抜け」

玉川の鮎もまた、江戸城に献上されていた。『玉川鮎御用中日記』という、天明年間の漁師の記録が残っている。読んでみると、シーズン中の献上鮎の捕獲数や価格、また役人とのやりとりなどが克明に記されていた。その最後の頁に、シーズンが終わり、最後の献上を無事終えた日、責任者たちが集まって、茶飯で大騒ぎした、という記述がある。その一節からにじみ出す晴れ晴れとした解放感に、彼らの苦労が偲ばれた。

今回は、この「茶飯で大騒ぎ」にあやかって、茶飯仕立ての鮎飯をいただこう。
「鮎飯でも鰯飯でも、当時の料理本を見ると、頭と腸を取り、よく洗って、洗い米に頭から突っ込み、一緒に炊き上げてから尻尾をつまんで抜き取ると、身だけ残って骨がきれいに抜ける、なんてことが書いてあるんですが、実際にやってみるとなかなかそううまくはいきません。自分で試してみないで、聞いたことをそのまま書いただけじゃないのかな」

そんなわけで、料理本に書かれている方法とはちょっと違うやりかたに挑戦。土鍋で、酒と醤油を加えた茶飯をあらかじめ炊いておき、これに塩焼きにした鮎をほうり込んで、しばらく蒸らす。焼鮎の香ばしさがご飯に移ったころを見計らって、鮎をほぐし、頭と骨を除いて身も腸もご飯に混ぜ込む。
「番茶で炊く方式の茶飯でやると、もうちょっと上品な味になりますが、醤油味の〝茶飯仕立て〟でも見た目はほとんど変わりませんし、簡単で、おいしいですよ」

焼いた鮎を土鍋に入れて蒸らした後、蓋を取ったとき、部屋いっぱいに鮎の香りが満ち溢れた。もう、それだけでとっても幸せな気分。なんておいしそうな……。

身をほぐし、お焦げの混じったご飯に混ぜ合わせる。その香りだけでもたまらない。

ほんのりと苦みのきいた鮎の身と、醤油味のご飯の相性もぴったり。もう、ほかにおかずなんてなにもいらない。おかわり！
「市販の養殖の鮎だと、香りがないからこうはいきません。それでも、鮎を焼く前に三枚に下ろして軽く干すと、いくらか風味がつきますから、家庭でやる場合には試してみて下さい」

のむ客へ鵜のへどに蓼そへて出し（川柳）

鮎は万葉の昔から日本人が愛して止まない夏の味。蓼の葉を添えてご賞味あれ。

鮎南蛮漬《あゆなんばんづけ》

❖料理物語

当時はごくごく普通のお惣菜の魚ですよ。どの川にも鮎や鱒はうじゃうじゃいたんじゃないでしょうか。

　鮎といえば「塩焼きに蓼酢」というのが定番。獲れたての鮎を炭火で焼いて、蓼酢をつけながら頂くのが醍醐味である。

「鮎と酢というのは、とても相性がいいんですよ」

　鮎は川魚にしては意外に脂が多く、味も濃いから、さっぱりとした酢が合う。蓼酢もいいが、この相性のよさを生かした料理が南蛮漬である。

「南蛮漬といえば、今では小鯵や鰯が多いんですが、江戸初期の料理本『料理物語』にすでに登場していて、『鮎、其の外川魚・小鰯・ほほづき・せうが・くらげ・其の外いろいろつけ申し候』と、鮎が最初に出てくるんです」

　鮎を南蛮漬でいただくなんて、ちょっと贅沢な気分である。

「でも、当時はごくごく普通の、お惣菜の魚ですよ。どの川にも、鮎や鱒はうじゃうじゃいたんじゃないでしょうか。だから焼くだけでなく、煮たり、天ぷらにしてみたり、小ぶりのものはこうやって揚げて漬けておいたり。これだと三、四日はもちますしね」

　江戸では玉川の鮎がブランドだったが、今の多摩川では、おそらく養殖物を放流しているだけだろう。

「河岸で驚いたんだけど、〝半天然〟とか〝天然仕上げ〟って書いたのがあるんですよ。なんだって聞いたら、出荷前に裏の川で泳がせたと言うんですが……。鮎は香りの魚です。『料理網目調味抄』（享保一五年・一七三〇）にも〝荒川（急流）の鮎、諸国ともによし〟と書かれてますけど、やはり清流で水苔を食べて育った鮎でなければね」

　最近では養殖の鮎もかなり品質がよくなってきたというが、それでも天然物には遠く及ばない。値段にも十倍以上の開きがある。

　上質の天然鮎が入荷した時には、塩焼きで食べるのが一番なのだが、本当においしい時期は限られている。

「六月、解禁になって出たての頃が、一番香りがいい。でもそれが落ち鮎になると、香りも身そのものの味も落ちてくる。そんな時には田楽味噌を塗って魚田（魚の田楽）にするんです」

　そして小さな鮎が手に入った時などは、南蛮漬にするとよい。「南蛮漬」の語源は、「鴨南蛮」みたいにネギを使う料理を「南蛮」と言うとか、油で揚げるのを言うとか、あるいは唐辛子を使うものだとか、諸説あって定かではないが、江戸時代以前から「南蛮漬」という料理は存在したようだ。

「南蛮酢ですが、本には、酢三杯、古酒二杯、塩一杯の割合と書いてあるんですけど、それでやってみたら、塩辛くって、なんとも強い味になります。だから塩の代わりに醤油を使ってみました」

カリッと揚げるコツは、初めに天ぷらを揚げるくらいの温度で揚げた鮎を、再度高温で二度揚げすること。そして揚げたてをジュッと南蛮酢に漬け込むことだ。

十センチにも足らぬ稚鮎とはいえ、丸ごと噛みしめると、あのはらわたの特有の苦みと香りが立ち上がる。南蛮酢の強い酸味に負けることなく、ほどよく溶け合って後を引く。これはやめられない。

「多少大きくても、しっかり揚げて、半日か一晩くらい漬けておいたら、丸ごと食べられますよ」

塩焼きもいいが、南蛮漬もまた、鮎ならではの逸品である。

材料

稚鮎（できれば天然物）
小麦粉、油
酢、酒、醤油
長葱、木耳、蓼

作り方

南蛮酢は酢3、煮きり酒2の割合に合わせて好みの量の醤油を足して沸かし、冷ましておく。
鮎は小麦粉をまぶし、170度くらいに熱した油で揚げた後、一度引き上げてから再度、高温の油で二度揚げして、揚げたてをジュッと南蛮酢に放り込む。
1寸（約3センチ）くらいに切った長葱を四つ割りにして、木耳といっしょに漬け込み、香りに蓼の葉を散らす。
そのままで2～3日はおいしく食べられるが、長く漬け込んだものを出すときには、新しい葱を上に散らして見栄えを調えてやるとよい。好みで唐辛子を、また長葱の代わりに玉葱でもよい。

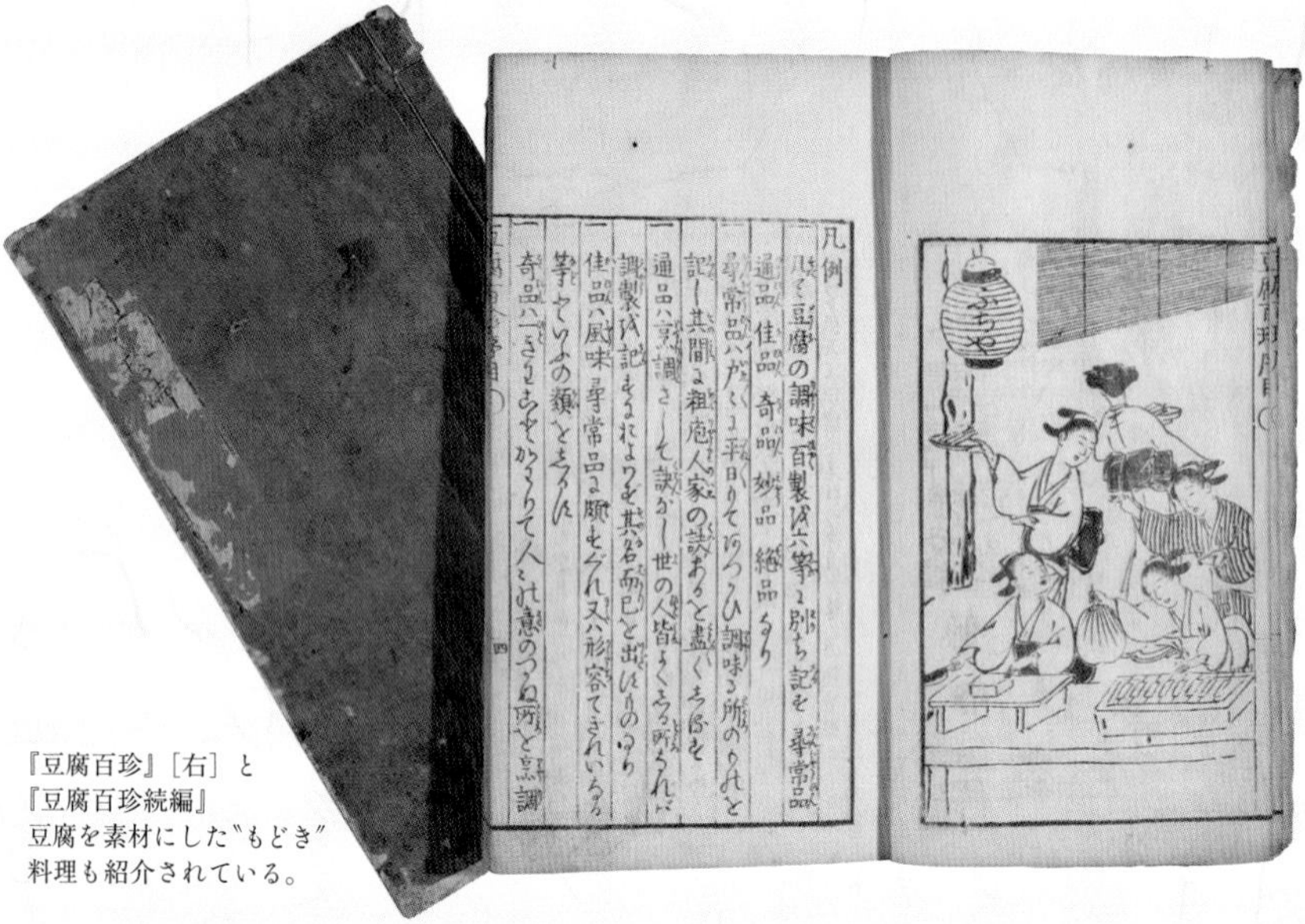

『豆腐百珍』［右］と
『豆腐百珍続編』
豆腐を素材にした〝もどき〟
料理も紹介されている。

〝もどき〟料理というのは、別の素材を使っていかにもそれらしく見せた、いわば〝見立て〟の料理です。私たちが日常で何気なく食べている「がんもどき」も、豆腐を使って雁の肉に見立てた、立派な〝もどき〟料理のひとつ。もっともこれは江戸の呼び名で、関西では「飛竜頭」と呼ばれていますから、もともとはどうだったのでしょうか。

ともあれ、こうした見立て料理の多くは、精進料理から誕生したようです。法事の席やお寺の食事には生臭物は御法度。でも生のままの豆腐と野菜だけではなんとも味気ない。そこで、一見肉や魚に見えるけど、実は……といった、ちょっと遊びの感覚が混じった料理が誕生したのだと思います。

実際作ってみると、結構大変なんです。調理法はともかく、形を似せることに、ものすごい時間と労力がいるんです。そんなにまでして、なぜ〝もどき〟料理を作ったのか？　ひとつには、料理人の茶目っ気みたいなものもあったんでしょうが、それよりも精進料理に対する要求が、今よりはるかに切実だったのだと思うのです。

今ではお坊さんの食事はもちろん、通夜や葬儀の席にも平気で鮪の鮨なんかが出てきますが、ちょっと前まではそんなこと、考えられなかったでしょう。

食べてビックリ〝もどき〟料理

素材には豆腐をよく使います。他の素材と混ぜやすく、成形もしやすくて、食べてもおいしいからでしょう。〝狸汁〟のようにこんにゃくも使うことがありますが、これは成形が難しそうですね。

鰻もどき

うなぎもどき ◉ 料理通

こうしてみると、鰻の蒲焼ってのはタレと粉山椒の味だってことがよくわかるでしょう。

【材料】
豆腐、山芋
海苔、粉山椒、塩、醤油、味醂、酒、卵白、油

【作り方】

海苔はあらかじめ鰻を開いた形に切っておく。海苔1枚がちょうど鰻3本分くらい。しっかりと水切りをした豆腐をすり鉢で摺る。塩ひとつまみ、豆腐の1割程度の摺りおろした山芋を加え、よく摺りまぜる。鰻形に切った海苔に卵白を刷毛で塗り、豆腐をのせ、それを本物そっくりの身の厚さにのばす。身の真ん中に箸で1本、筋を入れると、よりそれらしく見える。

そして中温（170度）くらいに熱した油に、海苔の面を上に、身の方からしずかに落とす。うっすらと色づいたら、取り出して蒲焼のように串を打つ。鍋に、醤油、酒、味醂を入れて一煮立ちさせ、好みの味のタレを作る。

蒲焼を焼く手順で〝もどき〟を火にかけ、タレをつけながら焼く。タレは2度くらいに分けて塗り、細い火で焦がさないように焼く。

揚げたてでないときれいな色に仕上がらないので注意。皿に盛ったら粉山椒、あるいは好みで七色唐辛子を振りかけてでき上がり。

歌川国芳《う紀世又平女房於とく》

夏の土用といえば鰻の蒲焼。今も昔も鰻は〝精〟のつく食べ物として、夏場には欠かせない。かつて吉原の里には〝鰻券〟なるものがあって、訪れた酔客たちは競ってこれを買い求め、蒲焼を食べたといわれる。

「〝土用の鰻〟に関しては、平賀源内が仕掛けた、いわゆるコピーを書いたっていいますけど、本当のところはどうなんでしょう。実際には、鰻は一一月ごろが一番おいしいといいますね。いわゆる〝下り鰻〟というやつで、荒川や利根川の河口でつかまえた鰻ですが。まあ鰻はいつでも川にいるわけで、いつでもいいんでしょうけど。日本の食べ物で、こんなに脂っこいものはあんまりないから、夏に食べて元気をつける、というのは説得力があったんではないでしょうか」

さて、本日の食膳に載ったこの一品、見た目はもちろん、甘辛いタレの匂いに、粉山椒の香り、とくれば、これはもう鰻の蒲焼以外の何物でもない。ところが、ひと口食べてみると、味も確かに鰻の蒲焼風なんだけど、歯触りが違う。肉の食感も違う。

「こうしてみると、鰻の蒲焼ってのはタレと粉山椒の味だってことがよくわかるでしょう」

この「鰻もどき」、実は豆腐と山芋と海苔でできている、いわば「鰻風油揚げ」である。文政時代に書かれた『料理通』には、豆腐ではなく「くわい」を使った料理として出ているそうだが、まあ、考え方は同じこと。要するに、生臭物を使わずに、いかにもそれらしくみせかけた〝もどき〟料理である。

「本場中国の精進料理には、豚肉の代わりに椎茸を使う方法がありますが、これも、そんな料理のひとつですね」

豆腐やくわいの他に、ジャガイモや蓮根、百合根などでも、同じようにできるという。

「まあ、これも精進料理ともいえますけど、お坊さんが食べるなら、なにもここまで似せる必要もないと思うんですよ」

ではなんのためにこんな料理が考案されたのだろう。江戸の料理といえば、寿司、天麩羅、蕎麦、鰻といわれるが、鰻はその中でも高級な部類だったらしい。ということは、本物の鰻を食べられない人が、この〝もどき〟で我慢したということなんだろうか。

「いやいや、だって作る手間隙《ひま》考えたら、同じくらいか、むしろこっちの方が大変かもしれませんよ。むしろ〝もどき〟を楽しむ洒落っ気みたいな気持ちが強かったんじゃないですか」

そんな〝遊び心〟の産物だけに、真似の仕方も生半可ではない。まず、ベースになる海苔は、あらかじめ鰻の切り身の形に切っておく。その上に、砕いて固く絞った豆腐と山芋を練り合わせたものを、ちょうど鰻の肉の厚さくらいに載せてゆく。

「〝身〟の真ん中に箸で一本、筋を打っておくんです。そうすると、いかにも本物みたいに見えるでしょう」

こうしてできた〝切り身の鰻〟を、中温の油で軽く揚げる。

「うっすらと色がつくくらいでいいです。これに今度は串を打って焼くんですね」

形だけでなく、調理法も本物の蒲焼と同じだ。串に刺した〝切り身〟に、醤油と味醂と酒を合わせたタレを塗りながら、今度は火で炙って焼き上げる。そこに粉山椒をまぶしたら、もうご覧の通り、見た目も風味も鰻の蒲焼そのものである。

なにもそんなことまでしなくても、本物の蒲焼を食べればいいじゃないか、なんて野暮なことは言いっこなし。口に入れるまで鰻と信じていたものが、一口食べたら実は油揚げだったなんていうのも、また一興ではないか。

それだけではない。これはこれで、なかなか旨いのだ。鰻だと期待して食べたらがっかりするかも知れないが、なにも〝もどき〟と卑下しなくても、ひとつの料理として立派に通用するだけの出来である。鰻の脂や臭みが苦手な人でも、この〝もどき〟なら蒲焼の風味だけを味わうことができる。それに健康にもよい。

「先日、さる有名な外国の音楽家の方が店にみえたんですけど、この人はベジタリアンだというんです。もちろん、肉も魚も一切ダメ。そこでこの〝もどき〟を出して差し上げたんですけど、えらく喜んでもらえました」

精進料理といってしまえば、なんだか代用品みたいでつまらないが、どうせやるならとことん真似てやれ、と粋がった江戸の料理人の面目躍如というところだろう。

『守貞謾稿』より《鰻蒲焼売》

香魚もどき

あゆもどき◉豆腐百珍

遊び心で面白半分に創ったものか、
それとも精進料理として創ったものか……。

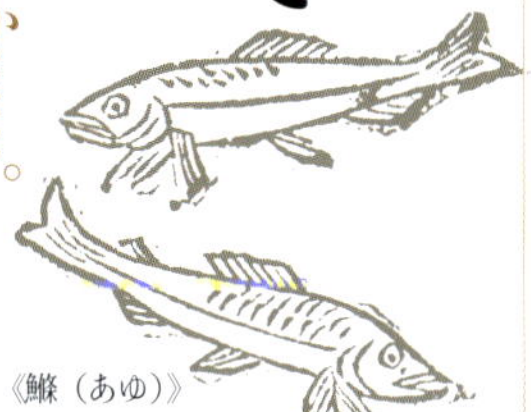

『和漢三才図会』より《鮎（あゆ）》

「香魚」とは鮎のこと。つまり、この料理は「鮎の塩焼き」をイメージして創られた一品だ。とはいえ、見た目は、かろうじて細長く切ったあたりが魚らしくはあるが、いわれなければ「鮎」を思い浮かべる人はすくないだろう。

ところが、一口食べてみると、そこはかとなく鮎の塩焼きを思い起こさせる風味……。

「種を明かせばね、これも豆腐を油で揚げたものなんです。だから、醤油でもかけて食べちまったら、ただの油揚げ、厚揚げになってしまうんですよ」

その〝厚揚げ〟にかかっているのは、醤油ではなくて蓼酢。鮎や鱒など、川魚の焼き物には必ずついてくる、あの緑色のソースだ。

「鮎を連想させるものは、蓼の香りだけでしょうね」

この料理を発明した人のすごいところは、いわばただの厚揚げに蓼酢をかけただけで「香魚もどき」と命名したところだろう。出典は、大坂の醒狂道人《せいきょうどうじん》何《か》必醇《ひつじゅん》が著した『豆腐百珍』。この本では豆腐料理を尋常品、通品、佳品、奇品、妙品、絶品、の六等品に分けているが、この「香魚もどき」は「奇品」に分類されている。

「遊び心で面白半分に創ったものか、それとも精進料理として創ったものか、どちらともとれますね。案外、大まじめに考えたものかもしれませんよ」

いわゆる〝もどき〟料理として、それ自体で成立しているのが「がんもどき」。また前項で紹介した「鰻もどき」などのように、本物かと見紛うほどに、迫真のデコレーションがなされているものもある。それに比べると、この「香魚もどき」、見せ方の演出にちょっと細工が足りないような気もする。

「実はね、これは食べ手より作り手がひとり満足しているようなところもあるんです。というのは、作ってみて、出来立てをちょっと食べてみるでしょう、本当に鮎のようなのかって。するとね、鮎には結構脂があって、ジュウジュウ焼けるんですが、この豆腐も揚げたての熱々に蓼酢をかけると、ジ

【材料】
木綿豆腐
小麦粉、油、塩、蓼酢

【作り方】
豆腐は重しをして水を切り、魚の形をイメージして細長く切る。薄く小麦粉をつけて高温の油でさっと揚げ、揚げたてに軽く塩をふる。蓼は葉先だけを摘み取ってすり鉢でよくすり、1人前小さじ1杯くらいは用意する。蓼は色が変わりやすいので、豆腐を揚げている間に手早く酢と合わせる。

ユッて音がして、それだけでもなんとなく本物みたいな気持ちになるんですよ。ただ、お皿に載せてお客さんに出した時、それをそのまま受けていただけるかどうかはわかりませんが……」

さて、皿に盛られた「香魚もどき」をいただいてみた。きつね色に焼き色のついた豆腐の表面はカリカリで、白くふんわりと弾力のある中身とあわせて食感が楽しい。そしてなにより、ちょっとピリッとした清涼な蓼の香りが、そこはかとなく鮎の食味を思わせる。まんまと作り手の術中にはまってしまった。

仮に精進料理として考案されたものであるにしろ、これはこれで充分一品として勝負できる料理だ。

「原本には書いてないんですが、今回は豆腐に薄く小麦粉をまぶしてから揚げてあります。そうしないと、あれだけ細く柱状に切ったら、今の軟らかい豆腐ではとてももたないんですよ。いくらか斜めに切ったのは、なんとなくお魚の格好が感じられるようにしたんですけど、あんまりやりすぎるのもおかしいですね」

一般の家庭で作る場合は、まず硬めの豆腐を選び、豆腐に重しをして、水を切ってから小麦粉をつけて揚げるとよい。むしろ面倒なのは蓼酢のほうだ。

「料理屋などでは蓼の葉をすり鉢ですったものに、飯粒を練って混ぜ、酢と合わせるようですが、うちでは蓼の葉と酢だけです。これだけの量を作るのは、結構大変ですよ」

蓼の葉を細かく刻んで、酢に合わせるだけでも、充分に香りは楽しめるという。

鮎の季節に合わせるように川原に生えた蓼（ヤナギタデ）を、古人たちはごく自然にハーブとして利用した。ところで今、野生の蓼を見て、それと気づく人など、ごくわずかではないだろうか。季節になるとデパートや八百屋に並ぶとはいえ、よほど好きな人でないと目にはとまらないだろう。

輸入ハーブ全盛の時代だが、ちょっと気をつけて探せばどこにでもある雑草を、初夏の風味に欠かせぬハーブとして見いだした古人の知恵を、もう一度見直したい。

精進鮑

しょうじんあわび ● 料理珍味集

この料理が本に出てることは
知ってましたけど、
作るのは初めてですよ。
もったいなくてね。

【材料】
松茸（軸の太いもの）
醤油、酒

【作り方】

松茸は傘の下から軸を切り取り、皮を落とさないように、塩水で軽く振り洗いして、泥を落とす。

布巾で軽く水気を取り除き、酒2に醤油1の割合で合わせたものを煮立てておいて、煮含める。

味が染みたら、鮑の形に似せて切る。

鮑の身の断面の形に似せるには、軸の両端を少し丸みをつけて削ぎ落とし、スライスするとよい。

色といい、形といい、どこからどう見ても、これは鮑の蒸し物。しかし「精進」という名がつく以上、生臭物はご法度のはず……。

実はこれ、松茸なのである。そうだと知って箸をつけても、ぷるぷるとした〝身〟のしなやかな弾力感も、艶のある肌も、やっぱり鮑そのもの。おまけに貝殻の皿に盛られているから、誰も疑うことはない。

ところが口に入れると、これがまぎれもない松茸なのだ。何も知らされずに出されたとしたら、見事に期待を裏切られつつも、予想していなかった味覚に出会い、しかもそれが松茸だと知って、二度びっくりすることになる。

「本当は鮑だと縁まで白いんですけど、松茸らしさを残すために、皮目のところだけ、茶色を残してみました。それにしても、よく似てますよね」

今では松茸といえば〝焼き松茸〟か〝土瓶蒸し〟が普通だろう。

「私はやっぱり焼いて食べるのが一番おいしいと思いますが……。他には〝松茸御飯〟、あとは佃煮くらいかな。外国産や虫食いのやつなどはフライにしてもいい」

松茸のちょっと変わった食べ方ということで試してみたのが、この「精進鮑」だ。出典は『料理珍味集』。「精進鮑　松茸の軸の太いものを鮑の形に切り、生醬油で煮て縦に薄く切る。生姜酢を添える」と記されている。

「今日は醬油と酒でさっと煮含めてみました。精進料理というと、中国のものですから、いろんな素材を使って、手の込んだ料理法で本物に似せようとするんですが、これなんかそのまんまで鮑になるでしょう。作った本人が見紛うぐらいにね。そのへんがいかにも日本的な発想というか、すっきりとした感覚にマッチしてますよね」

鮑が高価な食材であることは、昔も今も変わらない。しかし、松茸がこんなに高級品に出世したのは、せいぜいここ何十年かのこと。江戸時代までさかのぼらなくとも、高度成長期以前の昭和三十年代までは、もっと一般的な食べ物だった。

「東京オリンピック（一九六四年）の前頃までは、その辺の一杯飲み屋でも、松茸が普通に肴に出てきたもんですよ。築地の八百屋さんでも今みたいに箱詰めなんかしないで〝野積み〟って言って地べたに直に並べて売ってたんですから、昔は決して贅沢じゃなかったんですよね」

ましてや江戸時代では、珍味ではあったろうが、ちょっと郊外に出れば簡単に手に入ったはずだ。初鰹のような持て囃され方をしたとも思えない。

「もちろん、京都の稲荷山や丹波の松茸とか、記録に残っている有名なのもあって、茸の中では王者だったんでしょうけど、それでも鮑なんかに比べたら、まったく普通の食材だったでしょう」

原本に「軸の太いもの」とあるが、実際、この形に仕上げようと思ったらかなりの太さが必要になる。しかも使うのは軸だけ。

「この料理が本に出てることは知ってましたけど、作るのは初めてですよ。もったいなくてね。実際、本物の鮑より高くつくかもね」

作り方のポイントは、原本に言う「鮑の形に切」るという一点にありそうだ。具体的な方法は全く記されていないのだが……。

「まず松茸の傘を取って、軸だけを使います。鮑は貝殻にくっついている柱の部分が盛り上がっているでしょう。鮑を締めてきれいにすると、UFOみたいな形になるんですよ。その感じを出すために上下を少し、丸く削いでからスライスするんです。その分だけでももったいないよね」

たったそれだけのことと言ってしまえば身も蓋もないが、そうすることで、視覚的には一気に鮑に変身する。もちろん、味は全然違うのだが、歯触りや弾力などの質感も、こうしてみると、なるほど相通じるものがある。今なら鮑の〝代わり〟に松茸なんて、恐れ多くてだれも考えつかないんじゃないだろうか。もっとも、松茸が身近な素材だからこその料理だったろうけど。

「自分の松茸山をもっている人でもないとやらないですよね。およそばかばかしくて、削ってられないよね」

ところで、取った傘は……？

「傘だけを焼いて、内側の網のところに醤油をかけていただく料理もありますよ」

江戸時代なら庶民でも簡単に手に入れられたであろう一本の松茸——時代の流れの中で価値観が変わってしまうのは仕方ないにしても、文化としての料理法まで失われてしまうとすれば、とても惜しいことではないか。

歌川広重「魚づくし」より《あわび　さより　桃》
海の見える杜美術館所蔵

秋の膳
食べ物の一年が始まる季節

食べ物で言えば、秋は一年の始まりの季節だとも言えます。新酒、新蕎麦、新米……「新」とつくものが沢山出てくる季節なんです。

実際に秋を感じるのは、やっぱり松茸、きのこの類ですかね。魚だと鯖でしょうか。鰯も夏から秋までずっと続きますけど。なんといっても秋鯖というのはおいしいものです。

さて、旧暦の八月一五日は、中秋の名月。江戸では米の粉で丸い団子を作り、三方に盛って芒や月見草と一緒に飾り、酒、柿、栗、枝豆、葡萄、里芋などを供えて食べました。とりわけ里芋はこの時期に収穫する作物で、欠かせぬ供物です。『東都歳事記』（天保九年・一八三八）に、「中古迄は麻布六本木芋洗坂に青物屋ありて、八月十五夜の前に市立て芋を商ふ事夥かりし故、芋あらひ坂とよひけるなり」とあります。

ここでちょっと江戸の野菜をながめてみましょう。そもそも、わが国原産の野菜はごく僅かで、山葵、茗荷、芹、三葉、蕗、独活、蕨、ぜんまいぐらい。大根、蕪、胡瓜、南瓜、馬鈴薯などほとんどの野菜は、外国からの渡来品なのです。江戸は急激な人口増加のせいで野菜類は常に不足気味でしたが、それが促成栽培技術の向上を促す要素ともなりました。『武江産物志』（文政七年・一八二四）には江戸近郊の野菜産地が記されています。例えば、

だいこん、にんじん　練馬
つけな　三河島
冬菜　小松川
茄子　駒込
慈菇《くわい》、しゅんぎく、たで　千住
蓮根　千住、不忍池
生姜　谷中
みょうが　早稲田

馬込の胡瓜、成子の瓜、滝野川の牛蒡・人参、目黒の竹ノ子なども有名でした。かつての名産地もみな東京都区内となり、いまや面影もなく、想像すらできません。

九月九日は重陽の節句。『日本歳時記』（貞享五年・一六八八）に「九月九日重陽と云ひ、月と日と二ながら老陽の数にかなふ故に、かくいふなり、又重九ともいふ、国俗今日より袷衣を着、又今日栗子飯を食ひ、菊花酒をのむ」とあります。延命長寿の効力があるとい

う菊を浸した酒を飲み、邪気を祓った中国の風習が、平安時代に宮中行事となり、武家、民間に伝わったものです。春の花見と並んで秋の菊見も盛んで、特に巣鴨、染井、小石川、駒込、千駄木、谷中などに大勢の見物客が集まりました。

菊の花は観賞するだけではなく、古くから食用にもしていました。『料理物語』の「青物之部」をみると、菊だけでなく、牡丹、芍薬、くちなし、萱草《かんぞう》、のうぜんなどを、刺身、酢の物、煮物などに料理しています。刺身は本来魚を主とするものですが、精進の場合は野菜がそれに代るものになります。

関西方面から入ってくる食材もありました。当時、伊丹、池田、灘などから江戸に運ばれる酒を「下り酒」といいました。下り酒、下り米、下り油などの「下り物」は、大坂からの海路による輸送の商品で、「京坂からもたらされた上等品」の意味です。これに対し江戸近郷からの入荷品を「地廻り物」といい、粗製安物を意味する「下らぬ物」といわれました。

江戸は生活物資の多くを大坂から運んでおり、繰綿《くりわた》、木綿、油、酒、醤油などは大量に送られ、醤油、油は一八世紀初期には八割近くが下り物で占められていたのです。しかし一八世紀後半になると、江戸地廻り物の質、量が向上し、例えば醤油は野田、銚子産の関東醤油が勢力を増し、安政三年（一八五六）、江戸に入荷した百五十六万五千樽のうち、下り物はわずか九万樽に過ぎなかったといいます。

松本交山《納後振舞図》
幕末の頃の農家、豊作の喜びが描かれている。

蒸し蕎麦《むしそば》

せいろはもともと蒸すための道具。昔は今のように蕎麦を湯通しするのではなく、せいろで蒸して食べるという方法もあった。

そば時や月のしなの丶善光寺　一茶

秋、名月の頃になると、蕎麦屋の店先に「新蕎麦」のビラがお目見えする。蕎麦好きにはたまらない季節だ。

ちょっと時節はずれだが……。

時は元禄一五年一二月一四日。吉良邸討ち入りを前に、大石内蔵助率いる計四十七人の赤穂浪士は、腹ごしらえのために本所あたりの蕎麦屋に集結することになった。だがそんな大人数が一気に押しかけてきたら、蕎麦屋だってたまらないだろうと、浪士の一人、堀部安兵衛が昼間に予約を入れたという。そこでこんな川柳が詠まれた。

そば切りが二十うどんが二十七

『忠臣蔵』ではとても有名な場面ですが、今ではこの蕎麦屋の場面は史実ではないといわれています。ただ、赤穂浪士の中でも江戸潜伏組は蕎麦、国元にいた人たちはうどんが好みだった、なんてことが想像できて面白いですね」

どうやら蕎麦屋の場面はフィクションらしいが、他にも「五十膳ほどと昼来て金を置き」とか「何ごとでこうお揃いとそば屋いう」なんて川柳が残っているから、江戸時代からすでに蕎麦屋は物語としての『忠臣蔵』には欠かせぬ舞台装置となっていたのだろう。

さて、蕎麦そのものは縄文時代にすでに大陸から渡来し、食料として利用されていたというから、非常に古い食材だったわけだが、現在のような麺になった蕎麦、いわゆる「蕎麦切り」になったのは、意外に新しい。新島繁氏の研究によると、文献に「蕎麦切り」が登場するのは慶長年間（一五九六〜一六一五）が初見だというから（『蕎麦の世界』柴田書店）、江戸時代の最初期のころということになる。それまでは団子や蕎麦掻きにして食べていたのだろう。

ところが、元禄の頃になると、蕎麦切りは江戸には欠かせない食材になっていた。それどころか、「いかに蕎麦を〝たぐる〟か」で、江戸っ子の粋を競い合うという食文化を生み出すまでになっていた。

それはさておき、今でも蕎麦屋で「もり」を頼むと、せいろに載って出てくる店がある。名前も「ざる」や「もり」で

はなく「せいろ」としていることも多い。
なぜなんだろう。
「ざると同じように、蕎麦の水気を切るにはちょうどよいのでしょうが、それだけじゃないんです。せいろはもともと蒸すための道具。昔は今のように蕎麦を湯通しするのではなく、せいろで蒸して食べるという方法もあった。その名残が、いまだに残ってるんですね」
「せいろ」という名前や形は何百年を経て残っているというのに、実際に食べる機会はほとんどない、というわけで、今回は「せいろ蕎麦」のオリジナル、「蒸し蕎麦」を再現してみた。

材料
生蕎麦
鰹節、醤油、味醂
山葵、大根など

作り方
蕎麦屋などで買い求めた生蕎麦を、蒸す前に軽く湯通ししておき、強火でさっと蒸すのがよい。汁は水3・醤油1・味醂1の割合で合わせ、沸いたところに鰹節を入れて、冷めたら漉す。

幕末の蕎麦道具。
個々が小さなざるを持って、
自分で茹でながら食べたものか。

「麺は特別に太く打ってもらった、いわゆる〝田舎蕎麦〟ですね。蕎麦切りが出来た当時、まだ麺を細く切る技術はなかったと思うんです。つなぎの問題もあって、細く切って茹でたりすると、ぶつぶつに切れてしまったかもしれません。でも蒸せば、ちぎれることもなかったでしょう」

現代の蕎麦屋で出てくるような小さなせいろではなく、菓子屋が饅頭を蒸すような大きなせいろで豪快に、一気に蒸し上げてみた。頃合いを見計らって蓋を開けると、もうもうとたちこめる湯気のなかから、香ばしい蕎麦の香りが漂ってくる。

見た目の印象は、その太さのせいか、なんとなくボソボソとしているようで、シャキッとしまった江戸蕎麦のイメージとはほど遠い。が、食べてみると、これが意外。たしかに太くて、歯触りは大味だが、むっちりとした歯ごたえがあって、噛めば噛むほど蕎麦の甘味がひろがってゆく。「蕎麦は香りとのどごしを楽しむものだ」と、江戸っ子が見栄を競ったように、麺の先にちょっと汁をつけて噛まずに呑み込む、なんて芸当はとうていできないものだが、これはまったく違った蕎麦の味わい方だ。

「昔はよく冬になると『あつもり』という、温めた盛り蕎麦を出す店がありましたよね。それに近いとは思いますが、蒸し蕎麦は茹でた蕎麦より、蕎麦のうま味が逃げずに凝縮されているんですね」

食後の〝蕎麦湯〟の楽しみはないが、その分、濃厚な蕎麦の味を堪能できた。

新そばは物も言わぬに人がふえ（川柳）

桃李言わざれども下自ずから蹊を成す。江戸では蕎麦屋の前に道がつく！

茄子《なす》おろし汁《じる》

実はやったことないんですよ。
そんなことしなくったって、
いくらでもおいしい食べ方があるでしょう。

❖料理珍味集

月さすや嫁に食わさぬ大茄子　一茶

「秋茄子は嫁に食わすな」とはよく耳にする俚諺であり、その解釈についても諸説紛々。

その一「茄子は体を冷やす」、その二「種子が少なくて子種がないと困る」、だから大事な嫁には食わすな、という〝嫁大事派〟。

逆に、その三「種子が多くて妊みやすい」、その四「こんなにうまい」、だから憎い嫁に食わすな、という〝嫁憎し派〟。『広辞苑』ではこれらの諸説を紹介し「最後の解が普通行われる」と結んでいる。

しかし、この四説もいわば〝後付け〟の俗説のようで、本来の意味は別にあったらしい。そのオリジナルは藤原長清の撰による鎌倉時代後期の和歌集『夫木和歌抄』に収録された一首の歌、

秋なすび早酒《わささ》の粕につきまぜて
棚におくとも嫁に食はすな

であるという。一説にここでいう「嫁」とは「嫁が君」、すなわち鼠のことであるともいわれている。

だとすれば、嫁姑の問題は、ちょっと穿った見方だったということになるのだが、いずれにせよ、それほどに秋茄子はうまい、ということが語り継がれてきたことに注目したい。

「江戸時代の料理本にも、茄子の料理はたくさん出てきます。代表的なのが鴫焼き、田楽ですね。煮てよし、焼いてよし、漬けてもよし、肉とも魚とも相性がいい。夏から秋口まで、欠かせない食材です」

『料理物語』には茄子の料理として「汁。さしみ。まるに。あえもの。香の物。しぎ焼。きりほしていろ〳〵」と様々な料理が紹介されている。まさに万能の食材、といった感じだ

茄子をおろすと見る見る色が変わる。

が、どれも現在の料理にもあって、格別珍しいものではない。

『料理珍味集』を開いてみると、「茄子団子」（小茄子を串に刺して焼く、味噌をつけて焼いても良い）、「茄子てんぷら」（まるごと生醤油で煮て味噌をかける）に加え、「茄子おろし汁」というものがあった。「茄子の皮をむき。縦に二つに切る。水に漬けてあくを出し、おろしてからしぼって味噌汁にする。茄子は多いほうがよい。からしを加えて使う」とある。

茄子をおろす？　そんな料理、聞いたこともない。

「実はやったことないんですよ。だって、そんなことしなくったって、いくらでもおいしい食べ方があるでしょう……」

とはいえ、なんだか珍しいので是非にとお願いしてみた。

「最初はね、茄子の皮をむかずに、そのままおろしてみたんですよ。そしたらこれがすごいんです。なんというか……」

茄子の灰汁《あく》ばかりが強調されて、一種独特な、強烈な味になってしまったという。とても食べられたものではなかったらしい。そこで今度は皮をむいておろしてみた。皮をむいたばかりの茄子は、みずみずしい鮮やかな黄緑色で、とても美しい。しかしおろしていくと見る間に黒く変色してゆく。

「どうせ灰汁抜きするんですから、水の中におろしてしまったほうがいいかもしれませんね。そうすれば色も失われないし。まあ、味噌汁にしてしまえば、同じことでしょうけどね」

おろして灰汁抜きした茄子をかたく絞って、味噌汁の具にする。それだけの単純な料理ではある。

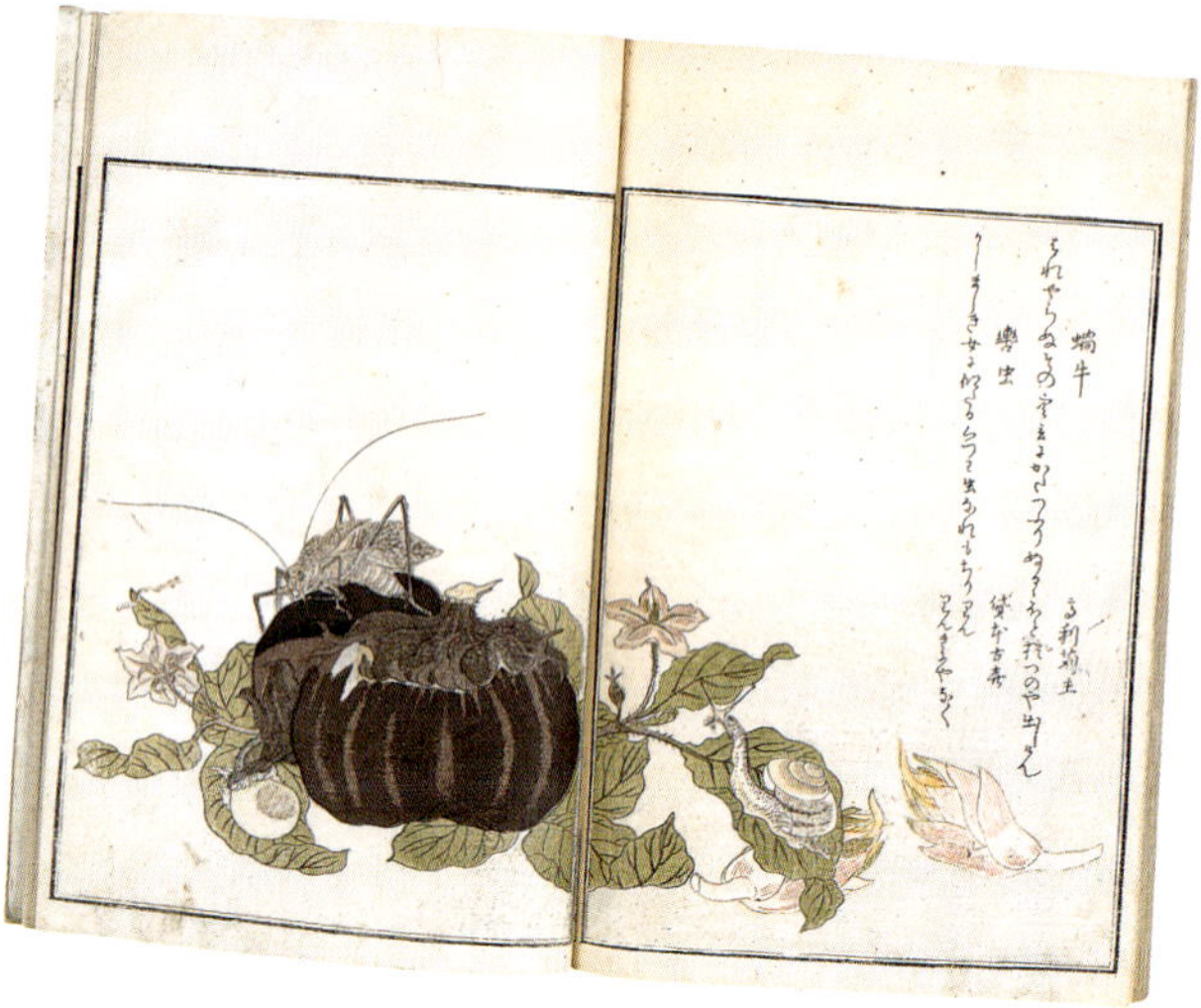

喜多川歌麿
「画本虫えらみ」より《蝸牛　螻虫》
国立国会図書館所蔵

「せっかくですから茄子の実の青みが少しでも見えるように、味噌汁は具をいれる前に漉して、清まし汁仕立てにしてみました。むいた皮を少し散らすと、ほら、きれいでしょう」

最初の失敗作の話を聞かされていたので、恐る恐るひと口。と、口あたりはどろりとしていて、味噌汁というよりは、濃厚な野菜スープといった印象。夏に消耗した身体中に、滋養がしみわたっていくようだ。味は、予想していたよりははるかに淡泊。くせもなく、さっぱりとしている。充分に灰汁抜

きしてあるので、エグ味の陰に隠れていた茄子そのものの味が際立っている。これなら茄子嫌いの人でも抵抗なくいただけそうだ。

「見た目はあんまり美しくはありませんが、茄子の食べ方としてはちょっと珍しいので試してみる価値はあります。茄子そのものの風味を存分に味わえますよ」

二人して秋茄子を喰ふ仲のよさ（川柳）

古今を問わず、嫁姑の問題と秋茄子のうまさは、日本人の普遍的なテーマであるようだ。

材料

茄子、味噌
鰹出汁、芥子

作り方

茄子は1椀に1〜2本くらい用意する。水を張ったボウルに皮をむいた茄子をすりおろし、灰汁を抜いたらかたく絞って味噌汁の具にする。清まし汁仕立てにする時は、味噌汁をペーパータオルなどで2、3度漉してから具を加える。芥子を添えると風味が増す。彩りに茄子の皮を細く刻んで浮かべると美しい。

華豆腐《はなどうふ》

本にはすぐに出来そうに書いてますけど、なかなかそう簡単にはいかないいんですよ。

黒白精味集

材料

絹ごし豆腐
鰹出汁、醤油、塩
葛、山葵

作り方

豆腐はまず奴に切り分け、縦横に包丁を入れる。周囲に支えのために蒲鉾板などを置くと失敗しない。鰹の出汁に醤油、塩を加えて味を調え、葛を溶き入れる。甘味の好きな人は味醂を加えても良い。切った豆腐を50～60℃の湯をはったボウルで温め、芯まで温まったらそっと手ですくい上げて碗に入れる。上から葛餡をかけ、華の中央に山葵を添えると美しい。

色付や豆腐に落ちて薄紅葉　芭蕉

「冷や奴で一杯」の季節は過ぎたが、湯豆腐にはまだ早い。そんな時分にちょうどよいのが「餡かけ豆腐」。

江戸で知られた「餡かけ豆腐」といえば「笹乃雪」。上野の山の麓、下谷根岸に今もある豆腐料理屋「笹乃雪」は、元禄年間の創業だという。名物は、温めた絹ごし豆腐に葛餡をかけた料理。当時、寛永寺門主であった輪王寺宮がこの「餡かけ豆腐」をいたく気に入って、「笹の上に積もりし雪の如き美しさよ」と褒めたたえたのがその名の由来で、宮がおかわりをしたことから、今でも「笹乃雪」の餡かけは、二皿出てくるのが決まりになっているのだそうだ。

「笹乃雪」は根岸という場所柄、吉原に通う人々が行き帰りに立ち寄って、非常に繁盛したという。江戸中にその名を知られた名物豆腐だっただけに、吉原雀たちは「笹乃雪」の名を悪所通いの口実に利用した。

一ッぱいは女房も食った笹の雪（川柳）

今回の「華豆腐」も同じような餡かけ豆腐。一七〇〇年代半ばに記された料理本『黒白精味集』にあった料理だ。その名のとおり、大輪の菊の華のように咲かせた、美しい料理である。

『黒白精味集』の原文には、「華豆腐　半町(丁)の豆腐四つに切（左頁図）この如く角を取　長半分切て下をばつゞけ置手にのせ　水の内にて切目へ水をふくませ鍋に入煮立　平皿に　布くずして上へ盛ればとうふ乱れて平皿一盃に成れり真中へわさびおろし置也　又赤きかんてんを刻み置ても見事也」とある。

「本にはすぐに出来そうに書いてますけど、なかなかそう簡単にはいかないんですよ」

素材の豆腐は、絹ごしを使う。木綿豆腐の方が一見固そうだが、細かく包丁を入れるとすぐに崩れてしまうのだという。

「市販の絹ごしでもていねいにやれば出来ないことはありませんが、やはり固めのほうが細工はしやすい。うちでは『富山正源寺の門前豆腐』というのを使っています」

豆腐は適当な大きさに切り、縦横に包丁を入れる。とはいえ、完全に切り離してしまうとばらばらになってしまうので、底の部分数ミリは切り残さねばならない。

「蒲鉾の板なんかを添え木に置いておくとうまく切れます」

そうやって苦労して切っても、これだけではきれいに開かないので、一度湯に通す。豆腐は温めるときれいに開くのみならず、弾力性が増し、壊れにくくなる。

「さて、温めた豆腐をどうやって器に移すのか。本にはなんにも書いてませんよね。これがなかなか大変なんです」

なにしろ相手はヤワな豆腐。おたまなんか使ったらすぐに壊れてしまう。だから手でそっとすくい上げるしかないのだが、熱湯では中に手をつっこむこともできない。かといってぬるい湯だと、豆腐は芯まで温まらない。で、結局五十度くらいのお湯にしばらく浸して、豆腐を芯まで温める、という方法に落ち着いた。

「そんなことまで本には書いてくれてないんですけど、まあそれくらいは、料理人なら自分で考えるだろう、といったところで放り出してあるんです。そのへんが江戸の料理本を扱うときの難しさであり、面白さでもあるんですがね」

すくい上げた豆腐を、布巾で軽く水気を切って器に入れ、上から餡をかける。餡は鰹出汁を使った醤油がちの清まし汁に、葛を溶いたもの。仕上げに華のまんなかに山葵を添える。

蒲鉾の板などを置くときれいに切れる。

五十度くらいのお湯でしばらく温め、壊さないよう、手ですくい取る。

箸をつけるのがもったいないような、なんとも美しい料理である。とろりとした葛餡に山葵を溶いて端の方から一口。葛で凝縮された鰹出汁の香ばしさが、やわらかい豆腐にからんでふんわりと口中にとけていき、その内側から豆腐そのものの風味が交差してくる。見た目だけの料理かと思ったが、とんでもない。この繊細な味わいは、見た目も含めて、日本人ならではの手技の賜物だろう。

吉原にはもう一軒、「山屋豆腐」という有名な豆腐屋があった。こちらもまた、吉原雀を客にして、大変繁盛したという。

吉原も豆腐に惚れる歳となり（川柳）

若いころ、さんざん口実に利用した豆腐屋が、今度は楽しみになってしまう。ちょっと哀しい、吉原雀の〝人生の秋〟……。

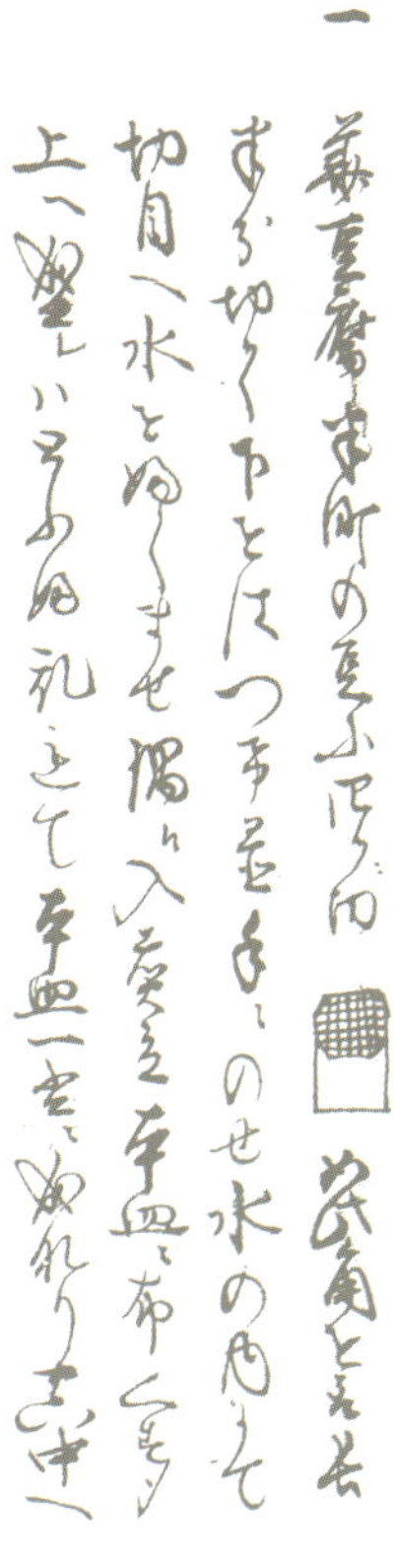

『黒白精味集』の記述には切り方が図示されている。

鯖船場煮《さばせんばに》

新鮮な生の方が上等でおいしい気がしますが、塩鯖でないと物足りない、というお年寄りもいますね。

❖料理網目調味抄

「鯖の生き腐れ」という諺がある。生の鯖はとてもいたみやすい。一見、新鮮そうに見えても、中でいたみ始めていることがある。また、新鮮な鯖でも、人によってはあたることがある。「生き腐れ」といわれる所以だ。

「鯖は生でもすぐに塩をしておかないと、足が早い。河岸で、眼がピカピカ光ってるようなやつでも、腹にさわって、ちょっとでも軟らかいのは、もうだめです。いい鯖はパツンパツンに張っています」

それでも、鯖は古来、日本人にとってなくてはならない食材であった。平安時代の『延喜式』に、すでに租税として地方から都に鯖が送られていたという記録がある。そんな頃の名残なのか、「鯖の腐らし石」というものが各地に残っているという。鯖を担いだ商人が、崖上から今にも落ちそうな石を見上げ、落ちてから通ろうと待っている間に鯖が腐ってしまったという伝説が残っているらしい。さほどに鯖は腐りやすく、それでもなお、人々が待ちわびた食材だった。

では、そんないたみやすい鯖をどうやって保存したのか。塩漬けだ。有名な京都の鯖ずしも、若狭で獲れた鯖に塩をして、京都まで夜通し歩いて運んだものを素材にした。十八里（七十二キロ）の道のりを歩く間に、塩加減がちょうどよいくらいになれて、あの絶妙の味を醸し出したのだという。

江戸時代には生鯖よりもむしろ塩鯖の方が好まれたらしい。また好むと好まざるにかかわらず、山間部では生鯖など食べることはできなかった。

「流通の発達した今でも、山間部に行くと、やっぱり塩鯖でないと物足りない、生はあたるのが怖いし、食べた気がしないっていうお年寄りがいます。新鮮な生の方が上等でおいしいような気がしますが、これはもう食文化としてしっかり根づいているんですね」

さて、船場煮である。「船場」は大阪の問屋街の地名。「船場煮」は、この地で商家の奉公人たちに食べさせた惣菜料理だという。

「要するに鯖の潮仕立てですね。塩鯖の持ち味をうまく生かしています。安いこと、手間がかからないことから、奉公人に食べさせるにはちょうどよかったのじゃあないですか」

塩鯖のぶつ切りに大根など野菜を加えて煮ただけ、というといかにも安直だが、これがけっこう旨い。脂ぎった秋鯖を

煮込んでいるから、スープの表面はギトギトだが、食べてみると意外とさっぱり。生臭さはまったくなく、鯖の香りがふくよかに広がる。鯖の身そのものも適度に塩になれて、弾力のあるふっくらとした歯ごたえのなかから、じわっと旨味がにじみ出してきた。

「醤油をちょっとたらせば味が落ち着きます。船場煮は如何にも上方らしい食べ方ですが、鯖はどんな料理にも向く重宝な魚です。しかも、安くてうまい」

決して高級とはいえない、庶民的な料理なのだ。

「でもね、本来『センバ煮』というのはとても高級な料理だったんですよ」

そもそも室町時代の「センバ煮」は、鶴、雁、雉、鶉、さらに雲雀、鳩などの鳥の肉を使った煎りつけを指し、「煎盤炮」「煎羽炒」の字を当てた。それが江戸期になると、煎り酒と塩か醤油でさっと煮る料理に変わったという。享保年間（一七一六～三六）の近衛家熙の茶会記『槐記』には、素材として雁、鴨と並んで塩鱒、塩鯛が登場し、また同時期の料理本『料理網目調味抄』にも「船場煮」として「塩魚（鯛、鱸、鰹、鮭、鱒、鱰《しいら》、鱘、鰤）」の名が見られる。

「はじめは高級だったんですけど、鳥肉が鯛や鱸などの高級魚になり、やがて鯖にかわった。付け合わせも、松茸なんか使ってたのが大根に変わって、すっかり庶民的になったんですね。でも、おいしいでしょう」

材料

生鯖、大根
粗塩、酒
生姜、胡椒、柑橘類など

作り方

鯖は眼の色だけでなく、魚体に張りがあり、腹の固いものを選ぶ。3枚におろし、身とアラにたっぷりと塩をし、傾けたバットに置く。塩が溶けきり、水気が切れたら別の器にとり、固くしぼったペーパータオルなどをかけて冷蔵庫で一晩寝かす。これを切りわけ、さっと霜降りにし、水と酒が半々の煮汁で、水の状態からことこと煮込む。途中で大根の短冊を入れる。味見して塩加減を調節し、薬味はしぼり生姜、割胡椒、あるいは柑橘類のしぼり汁など好みで。

菓子

砂糖の和菓子は贅沢品

「菓子」という字を見ればわかるように、元々は「果」、つまり木の実や果物のことだったんです。胡桃や栗、干し柿みたいなものが、今でいう「おやつ」の元祖ではないかと思います。

ちょっと前まで、東京でもどの家の庭先にも柿や無花果《いちじく》が植えてありましたよね。お菓子が今ほど自由に食べられなかった頃は、柿や無花果は子供たちの大切なおやつでした。

砂糖が贅沢品だった頃には、果物や蜂蜜が貴重な甘味でした。甘味料としては、芋を原料とした水飴などが一般的だったのではないでしょうか。

餅菓子や団子、饅頭は古くから食べられていましたが、砂糖をふんだんに使った甘いお菓子は、南蛮文化が入ってきた近世以降になって広まったようです。でも、決して一般的なものではなく、やはり庶民には贅沢な品だったことでしょう。

江戸の町には白玉や飴玉、あんころ餅みたいなものを売り歩く商売があったようですから、時代とともに少しずつ浸透していったようです。

京都では古くから和菓子屋が存在しましたが、これは御所や公家向きの贅沢品だったと思います。茶会で出てくる茶菓子なんかも、今では和菓子があたりまえですが、最初の頃はそうでもなかったんです。味噌を小麦粉の衣でくるんだ麩の焼きや、栗、昆布なんていうのも立派な茶菓子で、野菜を煮たようなものなども出てきます。まあ、だんだん贅沢になって砂糖の味を覚えると、茶菓子もそっちに変わっていったのでしょう。

時代劇などによく登場する大福やお団子のようなものは、街道筋の茶店などで売られていました。旅人にとっては、疲れた体に糖分を補給すると同時に、腹持ちもよかったので、いまのハンバーガーみたいな感覚で食べていたのではないかと思います。

果物は料理にもよく使いました。「柿なます」なんかが代表的ですが、生の果物だけでなく、干し柿のように乾燥させて保存食にしたものもありました。干しぶどうなんていうのも、すでに江戸時代の料理本にしばしば登場しています。

《新板みぎひだりむまゐもの尽》
饅頭、団子から酒までが市松模様に描かれている。

麩の焼き

ふのやき◉古今名物御前菓子秘伝抄

まさに和風クレープですね。こっちのほうが古い、元祖かな。

ここでちょっと趣向を変えて、ふべ家のお茶会。といっても、流儀だ作法だなんて堅苦しいことは抜きにして、お茶菓子をいただきながら抹茶を楽しもうということになった。

さて、お茶菓子は……。江戸中期の享保三年（一七一八）に刊行された我が国初の菓子製法の専門書『古今名物御前菓子秘伝抄』を開いて選んだのは「麩の焼き」。

「これは正式な茶会なんかで使われたものらしいですよ。千利休が好んで使ったともいわれています」

「麩」と聞いて、現代人が思い浮かべるのは、味噌汁の具などに使う「焼麩」だろう。お菓子のイメージとはちょっと違うが、「焼麩」も小麦粉を練って焼いたものだから、作り方だけ見れば、クッキーと同じこと。この「麩の焼き」も、なるほど、くるくると巻いて焼いたクッキーのようにも見える。が、手にとってみると、しんなりと柔らかい。

「小麦粉を水で溶いて、薄く丸く伸ばして焼いただけです。全く下味はつけていません」

ということは、クレープ？

「まさに和風クレープですね。こっちのほうが古いかもしれない、元祖かな」

『江戸名所百人一首』より《麩焼屋》
国立国会図書館所蔵

【材料】
小麦粉、山椒味噌
くるみ、砂糖

【作り方】

小麦粉は水で柔らかめに溶き（小麦粉100グラムに水100ccぐらい）、一晩ねかせる。ホットプレートでクレープのように薄い楕円形に焼く。焦げつくようであればプレートに胡麻油をひき、軽くペーパーでふきとる。

山椒味噌は、白味噌5、八丁味噌1の割合で混ぜたものに、酒、味醂を加えて練り、粉山椒を入れて香りを加える。面倒なら家庭で使っている甘めの味噌に山椒を混ぜて使ってもよい。味噌は固めに練る。

皮の上に味噌を置き、刻んだくるみ、好みでけしの実などを混ぜ、白砂糖をぱらぱらと置いてひと巻きする。


クレープか……と思って甘いイメージを持ったまま口に入れると、またまたびっくり。巻き込んだ餡は、味噌だった。

「本当は山椒味噌でやるんですけど、普通の田楽味噌や蕎麦味噌みたいなもんでもいいです。はみ出さないよう、ちょっと固めに練っておいて、砕いたくるみを混ぜてあります」

そのまま嘗めると、きっと相当強いであろう味噌の味を、プレーンな小麦粉の皮がほどよく包み込んで、くるみの香ばしさと混ざり合い、ふんわりと広がってゆく。これは旨い！

「おいしいでしょう。味噌には少し甘味をつけてあります。まるっきり甘味がないと、さすがにちょっとごつすぎて」

それにしても、こんなにおいしい菓子が、どうして受け継がれてこなかったのだろう。

「味噌を餡に使うということでは、お正月の花びら餅や、柏餅の味噌餡にもあることはある。でも、どちらも甘い白味噌ですよね。こんな赤い味噌を使ったお菓子といっても類品は……、ちょっと思いつきませんね」

　考え方は、小豆のあんこを包んだお饅頭と同じことなのだろう。実際、口に入れるまでは、てっきりあんこが入っているものだと思っていた。

「だんだんと贅沢になってきたということじゃないですか。利休さんの頃は砂糖もまだ貴重品だったし、贅沢してはいけないっていう考え方でしょう」

　詰め物を工夫すれば、どんな菓子にも応用できそうだ、と思ったが、あんこやジャムを入れたのでは、それこそクレープになってしまう。チーズ、胡瓜のスティック……とあれこれ想像してみるが、やっぱり味噌に勝るものはなさそうだ。

「たぶん、麩を味わうものではなくて、麩はあくまで味噌を嘗めるための皮だと思うんですよ。茶席で味噌を食べることを考えて作ったんじゃないかな」

　茶会では、懐石はともかく、茶菓子に取り箸以外の箸を使うことはない。そこで味噌を食べるには、たとえば小さな器に入れて出したとしても、銘々に箸がなければ食べようがない。菓子楊枝一本では食べにくいし、あとは手づかみでいただくしかない。そんなふうに考えてみると、なるほどこれはよくできている。

「くるみだけじゃなくて、けしの実を入れたり、味付けにいろいろ工夫はできます。皮の方も、昔は火加減が難しかったでしょうが、今ならホットプレートの上にくるくるっと丸く伸ばせば、誰にでも簡単に焼けますよ」

　最初はうまく焼けなくても、練習をすればすぐにコツをつかめるようになるという。

「残念なのはね、これ、作り置きができないんですよ。すぐに皮が乾燥して、端の方からちりちりしてくるもんですから。かといって、卵を入れたりすると、味噌とあわない。小麦粉だけという、素朴な味がいいんですよね。昔の地粉は今の薄力粉みたいに精製してなくて、もっとざくっとしてきめが粗かったでしょうから、なおさらですね」

　それにしても利休とクレープ、思わぬ取り合わせだ。ここはひとつ、侘の境地でもって、じっくりと味わおう——とかみしめる。ところがこの和風クレープ、あんこの詰まったお饅頭と違って、後を引く。いくつでも食べられそうだ。たしかに番茶よりは、濃い抹茶の方が合うかもしれない。思わずお茶をおかわり。

　いや、今度は甘さを抑えて作ってもらい、酒の肴に……それもまた、おつなものかもしれない。

「蕎麦屋で、蕎麦粉を入れて皮を焼いて、蕎麦味噌をくるんで出してもいいかもしれませんね」

椎茸煮しめ

しいたけにしめ◉茶湯献立指南

こういう野趣にとんだお茶会というのもいいでしょう。おまけに健康食品だから、現代人にはちょうどいいんじゃないですか。

さて、本日のお茶菓子は……。菓子鉢に山盛りにされたのは、一見、餡ころ餅かと思ったら、さにあらず。

「椎茸の甘煮です。茶菓子といえば、小豆を主体にした甘いお菓子、と思うのは現代人の考えで、もともとはフルーツやナッツみたいなものだったようですよ」

もちろん、江戸時代にはすでに饅頭や落雁など、甘いお菓子もあり、そうしたものが茶菓子として利用されてもいただろう。しかし、一方で石榴や柿といった果物、焼栗や枸杞などの木の実、そして椎茸や干瓢、芋の子など、今ではお惣菜になるようなものが「茶菓子」として利用されていたという。「元禄時代の『茶湯献立指南』という本に、茶席の〝料理〟として椎茸の煮物や汁がしばしば登場するんですが、同じように〝茶菓子〟としても椎茸の煮しめが出てきます。ただ、昨今の懐石で使われることは滅多にないようですね」

ならば自分で再現してみよう、と本日の茶会に供されたのが、この椎茸の「茶菓子」である。

ところで江戸時代の椎茸は、野生の「天然モノ」だったのだろうか。調べてみると、江戸時代中期、元禄の頃には早くも人工栽培の技術が確立されていたらしい。しかもその技術は、日本で開発されたものだという。もともとは豊後、あるいは伊豆あたりで始まったようで、寛政八年（一七九六）には農学者佐藤成裕による椎茸栽培の最古の技術書『温故斎五

【材料】
干し椎茸
砂糖、醤油、酒

【作り方】
干し椎茸は、ミネラルを含んだ水で戻した方が風味が増す。完全に戻ったら軸を切り落とし、戻した水で下茹でする。茹でた水を捨て、新しくたっぷりの水に、2〜3割の酒と、砂糖、醤油を加え、煮立てたらいったん冷まして、改めて煮返す。これを3〜4回繰り返す。煮返す度に、最終的にちょうどよい濃さになるように調整しながら、調味料を少しずつ加えてゆくと、芯までよくしみこんで、しっかりとした味に仕上がる。

瑞編』が刊行されている。

栽培された椎茸の多くは干し椎茸にされる。乾燥させるのは、一つには保存性をもたせるためだが、それだけでなく、香りが引き立ち、味も豊かになる。そのうま味は、煮物の出汁としても利用されている。また天日に干すことで栄養価も増し、ビタミンDも豊富になるのだという。

「干し椎茸には癌の抑制作用もあるといわれてますよね。江戸の人たちは意識してなかったでしょうけど、今風にいえば立派な健康食品だったわけですよ。もっとも最近のは、ほとんどが電気乾燥だから、ビタミンは期待できませんが、それでも食べる前に二、三時間、日に当てるだけで、いくらかビタミンが増えて、おいしくもなるといいますから」

干し椎茸は、傘の開き具合で大きく二種類に分けられる。傘が半球状で、縁が裏側に巻き込んだ肉厚のものを「冬菇《どんこ》」、傘が大きく開いた肉薄のものを「香信《こうしん》」という。

「肉の厚い冬菇の方が上等で、その中でも、傘に亀裂のはいったのが一番だといわれてます」

味付けは、茶菓子だからといって、特に変わったことをするわけではない。醤油と砂糖で煮た、いわゆる煮しめだ。

「椎茸を煮る時のコツは、何度か煮返すことです」

いっぺんに煮詰めないで、最初から煮汁をたっぷりと、薄めに作っておき、煮立ったら十分ほど煮ていったん冷まし、また煮返す。それを三回、四回と繰り返す。

「醤油も一度に入れないで、最終的にちょうどよくなるように、少しずつ加えていくようにします」

出汁は使わない。水と砂糖、醤油に少しお酒を足すくらい。

「料理屋だと味醂を使うんでしょうが、砂糖の方が照りも出て、甘味もしっかりとつきます」

さて、肝心のお茶菓子としての椎茸、果たして抹茶との相性はどうか。

素材は冬菇の中でも特に肉厚で傘に細かな亀裂の走った「天白冬菇」。まるごと口に入れると、ふわっとした弾力のある肉から、甘辛い汁けに載って、椎茸のうま味がじわっと口いっぱいに広がる。ひとつつまんでは、たっぷりと点《た》てた抹茶を啜り、また一口。しつこさのないさっぱりとした甘味と醤油の味が後をひく。

「こういう野趣にとんだ茶会というのもいいものでしょう。おまけに健康食品だから、現代人にはちょうどいいんじゃないですか」

お茶と椎茸、思いもよらぬ取り合わせだったが、椎茸のほのぼのとした豊かな味も相まって、心身ともにリラックスできる、楽しい茶会となった。

『素人庖丁』より

利休卵

りきゅうたまご◉万宝料理秘密箱

料理の本の中では〝刺身の代わりにも〟と書かれています。前菜としても使ったようです。

『素人庖丁』より

「ちょっと見たところケーキみたいでしょう。だけど、酒の肴に出して、今まで残した人はいません。卵と胡麻しか使ってないんですよ。調味は醤油をほんのわずかとお酒を猪口に一杯だけなんですが、実にしっかりとした味になります」

見た目はチーズケーキか、チョコレートのムースみたいだから、何も知らずに口に入れると、意表をつかれる。つまんでみると、ふんわりとした卵のかたまりが舌の上で砕けたとたん、香ばしい胡麻の香りが口いっぱいに広がってきた。塩気も甘味もほとんどないから、卵と胡麻の味が前面に出てくる。単純素朴でありながら、とても濃厚な味わいだ。

「だからデザートじゃなくて、料理の本の中では〝刺身の代わりにも〟と書かれています。それから〝口取り〟という、今でいう前菜の一品としても使ったようです」

「利休卵」は天明五年（一七八五）に京の人、器《き》土《ど》堂《どう》主人によって著された『万宝料理秘密箱』という本に登場する料理。鳥料理、魚料理とともに、この本に登場する卵料理は全部で百三種あって、俗に「卵百珍」とも呼ばれている。

これほどの卵料理がすでに完成されていたのだから、江戸時代の人々にとって、卵は身近な食材だったのだろう。

「ただね、終戦直後でも卵は病気をした時くらいしか食べさせてもらえない、貴重品でしたよね。だから結構、高級品だったのかもしれませんね」

もうひとつ、かつては心理的な障害があった。天平の昔から、卵は獣肉とともに〝禁忌〟のひとつとされてきたのだ。平安や鎌倉時代の説話にも、卵を食べたせいで身内に不幸が起こるという、仏教的な因果応報譚がさかんに説かれている。

「罰が当たるといわれれば、昔の人は素直ですからね……また鶏は時を告げる特別な鳥ということで、その卵を食べるのは可哀相だということもあったでしょう」

だが、室町末期に南蛮諸国との交易が始まったのを機に、卵を食べる習慣が徐々に浸透していったものと考えられている。

ところで、卵にも〝旬〟というものがあるのだろうか。

「歳時記を見ますと『寒卵』というのが冬の季語にあります。もちろん旨いことが第一ですが、やはり精がつくということ

【材料】
あたり胡麻
卵
酒、醤油

【作り方】

白胡麻を煎り、ねっとりとするまですり鉢でよく摺ったものを用意する(大さじ3)。卵2個を割りほぐし、あたり胡麻に少しずつ加え、よく混ぜる。これに酒小さじ1、醤油小さじ1/2を加えてよく合わせ、鉢かどんぶりに入れ、蒸し器で蒸す。強火で1分くらい、表面が固まったら中火にし、蒸し器のふたを少しずらして15分〜20分くらい蒸す。中央を竹串で刺して、しっかりとした抵抗感があればでき上がり。

胡麻の代わりにくるみを使うと、さらに香りの強い「くるみ卵」ができる。

じゃないでしょうか」

寒中の卵は他の季節に比べ、滋養に富み、また長く保存がきくのだという。

一方、胡麻だが、「利休揚げ」「利休焼き」「利休蒲鉾」等々、「利休」の名を冠する料理には、ほとんど胡麻が使われている。これは何も千利休が好んで食べた、というわけではないらしい。

「利休という人は信楽焼とか伊賀焼とかの器を好んだそうですね。その焼き物の肌に表れた景色、ブツブツの様子が胡麻を連想させるので、胡麻を使った料理に〝利休なんとか〟って名前がついたんですね」

その〝利休もの〟のなかでも、胡麻をこれだけたっぷり使う料理は珍しい。

「胡麻といえば、普通胡麻和えですよね。それと胡麻豆腐、これは精進料理ですから、お寺の料理。『利休卵』は、卵が入るから精進では使えませんが、卵と胡麻と、両方の栄養をとれる、非常にすぐれた料理ですね」

胡麻は、栄養のバランスのとれた健康食品である。また、天ぷらを除いてあまり油を使わない日本料理では、油脂分を補給する貴重な素材でもあった。

いずれにせよ、わずかな調味で素材そのものの味に賭けた料理だから、さぞや吟味された卵を使っているのだろうと思ったら、意外な答えが返ってきた。

「うちでは格別に選んで、ということはないですね。安定した品質でさえあれば、近所で手に入るものでいいと思っています。料理屋が、普通の人が手に入らないようなものを仕入れてきて、うちだけの限定です、なんてのは、僕は好きじゃないんです。普段、誰もが使っているようなものでやって、それで、ああやっぱり料理屋さんで食べると旨いですねっていわれるのがいいですね」

今度はこれに山芋の摺ったのを加えて、もう少しふわっと仕上げてみようかと、この日、またひらめいたそうだ。

はじき葡萄

はじきぶどう ◉ 料理通

当時は甲州葡萄のようなものを使ったのだと思いますが、色味からしてマスカットの方が涼やかでいいでしょう。

ふんわりとした白い衣に包まれて、淡いグリーンの葡萄の実と、黄色い花びらが見え隠れ。一見、シャーベットかと思ったが、もちろんそうではない。

『はじき葡萄』っていうんですが、洒落た名前でしょう。〝はじき〟というのは〝皮や種を取った〟という意味でしょう。皮をむき、種を抜いた葡萄をおろしで和えて、菊の花を散らしたものです」

目にも涼やかな料理だが、大根おろしと果物という組み合わせ、どんな味になるのかちょっと想像がつかない。味付けは如何に？

「八百善の料理本『料理通』には、おろし和えにして食べたというふうに書いてありますね。やはり皮と種をとった葡萄を、吸い物の実にもしたらしいです。いずれにしても、大量に食べるものではなく、料理の合間にちょっと季節を感じさせる程度のものだったと思います」

洋食にデザートはつきものだが、和食でも食後にフルーツを食べることもあり、さらに葡萄に限らず果物は料理の素材として、普通に利用されていたようだ。代表的なのが「柿なます」。お茶の世界では、正月の膳に欠かせない一品だという。無花果《いちじく》も、よく焼き物や田楽に利用された。林檎や梨の胡麻和えなんていうのもある。

「どれもまずくはないんですが、格別うまいもんでもないですよね。まあ、食べ慣れていないせいかもしれませんが」

砂糖が貴重品であった当時、果物は天然の甘味として重宝がられた。種類は現在のように多彩ではなかったが、その分、生のまま食べる以外にも、いろいろな食べ方が工夫されたことだろう。「はじき葡萄」も、そんな料理のひとつだ。江戸風〝葡萄サラダ〟とでもいえばいいだろうか。

『素人庖丁』より

【材料】

マスカット
大根、黄菊、すだち

【作り方】


マスカットはあらかじめ皮をむいて種を出しておく。巨峰など他の種類でもよい。種なし葡萄なら、なお楽。

菊は酢を加えた熱湯でさっと湯通しし、水にとってぎゅっとしぼる。

大根おろしを作り、菊、葡萄と混ぜる。味付けは甘酢、あるいは醤油と酢で調味してもよいが、柑橘酢がよく合う。レモンでもよいが、すだちやかぼすなど日本の柑橘類の方が風味が豊かでおいしい。

いずれにしても、酢を加えると色が変わりやすくなるので、調味は食卓に出す直前にするのがよい。

「そうか！　葡萄のサラダっていえば若い子も食べるんだな。サラダなら洋食だって使えるしね」

鮮やかな黄色を添えるのは、菊の花。最近、「エディブル・フラワー」といって食べられる花が流行っている。

「日本では、黄菊ですね。昔っから。食べていましたよ。普通にね」

さて、今回使ったマスカットは、もちろん江戸時代にはなかった。

「当時は甲州葡萄のようなものを使ったのだと思いますが、色味からしてマスカットの方が涼やかでいいでしょう」

味も当然、まったく違ったものになっているはずだ。江戸時代の甲州葡萄に、今のような甘味があったとはとうてい思えない。

「今よりは酸っぱかったでしょうね。あるいは山葡萄なんか使っていたとしたら、もっと味が強かったはずです。だから大根おろしとはよく合ったと思いますよ。和らげる感じになりますから」

だとすれば、マスカットを使ったことで、素材自体の持ち味が弱くなりすぎはしないのだろうか。

「今回は味付けにすだちを使ってみようと思ってるんですが、その前に、このままでちょっと食べてみて下さい」

一切味付けを施していない、マスカットのおろし和え――あっさり、さっぱり。大根おろしはどんな料理にも合うというが、相手が果物でも例外ではなかった。マスカットの甘味、酸味とも、ぷりぷりとした食感ともけんかすることなく、いや、むしろ引き立てている。ただ、やっぱりちょっとあっさりしすぎていて、これだけだと物足りない。

そこで、その上からすだちを搾ってみる。と、とたんに料理の表情が一変した。すだちそのものがもつ香りも相当強いのだが、不思議なことに決して葡萄の邪魔をしない。むしろ、そのほのかな甘味を際立たせてくれる。そして全体の味がキリッと引き締まった。

本来はもっと菊の花を大量に入れるもののようだが、これだと葡萄が菊の香に負けてしまうので、今回は飾り程度、ほんのひと散らし程度に止めたという。これもまた絶妙のバランスだ。

「再現料理といったって、そのまま昔と同じように忠実にやってたんじゃ、今の人にとっておいしいとは感じられないこともあるんです。だからどうしても我流の解釈が入ってきます。大根のかわりに梨をおろして葡萄とあえてみたこともあります。梨の色がすぐに変わってしまうから、レモン汁を大量に搾ってね。葡萄のかわりに枇杷なんかも合うかもしれませんよ。苺はどうかな。はじき苺。見た目はとてもきれいになりそうだけど」

イメージはどんどん広がっていく。

西瓜糖《すいかとう》

●料理山海郷

**たしかにきれいなんですが、
味の方は……
まあ、ちょっと食べてみて下さいな。**

西瓜独《ひとり》野分をしらぬ朝かな　素堂

台風一過、風雨が荒らした畑の中に、ぽつんとひとつ残った西瓜——俳句では「西瓜」は秋の季語だ。しかし、西瓜といえばやっぱり夏、暑い盛りによく冷えたやつにかぶりつくのがいちばん……とはいえ、その図はあんまりお上品とはいえない。

西鶴の『好色一代男』巻六「寝覚《ねざめ》の菜好《さいこのみ》」に西瓜が登場する。

世之介が遊女の〝楽屋裏〟を盗み見て、客の目の届かぬところでの彼女らの傍若無人ぶりをさんざんあげつらう、という、ちょっとブラックな設定だ。そして「むかしよし岡という遊女に西瓜を食わせて、彼女の出っ歯を暴き、妻木という遊女にはところてんを食わせて『むまひなあ』とお里の知れ

る田舎言葉を言わせた」という、世之介の悪戯のエピソードとして紹介している。つまり、普段、客の前ではお高くおさまっている太夫も、一皮むけばその正体はこんなもの、という皮肉に満ちた世之介、いや西鶴の人間描写である。

そんなところに小道具として登場させられるくらいだから、西瓜は当時〝下々〟の食べ物であったことがうかがえる。

こんな記述も残っている。

「昔は西瓜は、歴々小身とも喰ふ事なく、道辻番などにて、切売にするを、下々仲間など喰ふ事なり。町にて売ても、喰ふ人なし。女などは勿論なり」（『八十翁疇昔話』）

それが後には大身大名も食べるようになって結構なお菓子になっていったという。

そもそも西瓜が日本に入ってきたのは江戸のごく初期あたりだといわれているが、当初は果肉の赤さと形から生首を連想して敬遠されたのだとか。

さて、西瓜糖である。ガラスの器に盛られた西瓜糖は、なかなか上品な印象。あの、半月形に切り分けられた果実の面影は見えない。

「出典は江戸時代の寛延年間（一七四八〜五一）に京都で出版された『料理山海郷』（博望子著）です。たしかにきれいなんですが、味の方は……まあ、ちょっと食べてみて下さいな」

西瓜の赤い果肉をジャムのように砂糖で煮つめたものから、繊維を漉しとった物。鮮やかな赤い液体は、とろりとした舌触りで……甘い！　これは甘い。口の中に粘りつくような甘さ。見た目のさわやかさや、夏の喉をうるおすあの西瓜のイメージをひきずっているから、余計に甘く感じてしまう。

口当たりの甘さがあんまり強烈なので、たじろいでしまったが、その甘さの中から徐々にちょっと青臭い、あの西瓜独特の香りが、ほんのりとにじみでてくる。

「本には生姜を加えると書いてありますね。今風のジャムのようにレモンをしぼってかけたりしても飲みやすいでしょう。

材料

西瓜、砂糖
生姜またはレモンなど

作り方

西瓜の種を除き、果肉をジャムを作る要領で砂糖を加えて煮る。煮詰まったら軽く漉して、冷やして飲む。生姜やレモンの搾り汁を加えると飲みやすい。カクテルのベースとしても利用できる。

そのままでは甘過ぎるという人でも、カクテルのベースなんかに使うとおいしくいただけるかもしれませんよ」

それにしても甘い。甘味に慣れた現代人には、ちょっと向いてないかもしれないが、砂糖が貴重だった時代には、大変贅沢な水菓子だった、ということだろうか。

「いや、好んで食べたというよりも、ひとつは保存がきくということ、そしてやっぱり薬効があったということじゃないでしょうか」

歌川広重「名所江戸百景」より《高輪うしまち》

西瓜に利尿作用があることはよく知られている。「西瓜食うたら厠の前で眠れ」という諺があるくらいだ。そんなことから、西瓜は腎臓に薬効があるといわれてきた。しかし、西瓜が食べられるのは夏のほんの一時。そこで砂糖で煮詰めて壺に詰め、保存できるように加工して、通年利用できるようにしていたということだ。

実際、神田須田町の「万惣」では、今でもこの西瓜糖を商品として扱っているという。かつては、特に西瓜のない冬場、〝薬〟としての需要があったそうだ。しかし温室栽培の西瓜が一年中手に入るようになって、西瓜糖はその存在意義を徐々に失い、扱う店は減った。ただ、今でも〝薬〟として販売しているところはあるらしい。同じようなものがフランスにもあって、やはり民間薬として受け継がれているそうだ。

花嫁は西瓜一切れむしつて居（川柳）

西瓜が一般に普及してからも、女性が上品に食べるのはなかなか難しかった。「西瓜喰ふ娘の口のむづかしさ」（川柳）なんて気にせずに、井戸水で冷たく冷やしたのを割って、がぶりとかじりつくのが、やっぱりいちばん！

焼柿《やきがき》

確かに料理の本で見たのですが、作り方もなにも書いてなかった。出典は何だったか……。

柿を焼く!? ちょっと想像がつかない。

「傑作ですね、これは。柿を焼くなんて、今では誰も思いつきませんが、考えてみれば林檎だって焼いて食べるのですから、おかしくはないでしょう」

なにはともあれ、柿を焼いてみよう。赤々と熾った炭火の上に網を載せ、切り分けた柿を置く。しばらくすると、皮にほんのりと焼き目がついて、皮と実の間からブシュブシュと汁が吹き出し、糖分の焦げる甘い香りが立ち上る。熱々をふうふういいながら食べてみると、まだ少し固めだった実は柔らかくとろけ、甘みが増して、熟柿のように変身していた。

江戸時代にはこんなものが〝料理〟として存在したのだろうか。

「確かに料理の本で見たんです。それで『焼柿』とメモしておいたんだけど、作り方もなにも書いてなかった。ただ、出典が何だったか、どうしても思い出せなくて。後になってずいぶん探したんですけど、見つからないんです。でもね、ただ柿を焼くだけのなんでもないことなんですけど、それが料理書に載っていたということが気になったんです」

渋柿の渋抜きのために焼くのかとも思ったが、焼いただけでは渋は抜けない。今回使ったのも、普通の平核無《ひらたねなし》だ。だとすると、やはり「焼く」ということそのものに意味があるのだろう。

そもそも柿は、柿なますや胡麻和え、白和えなど、日本料理に登場する果物の筆頭である。

「ただ、あんまり甘ったるいと、和え物にはどうも、とも思うんですが。まあ昔はこの甘味こそが御馳走だったんでしょうね。柿が甘ければ、和える衣の方の味を抑えればいいわけだし。いずれにせよ、焼くだけというシンプルさには、びっくりさせられたんです」

さて、これをいかに現代風にアレンジするか、ここからが料理人の腕のみせどころだ。

【材料】
柿（甘柿なら種類は問わない）

【作り方】
柿は皮付きのまま、適当な大きさに切りわけておく。
切った柿を、網に載せて焼く。炭火でなくとも、普通のガスレンジでも十分。
その場で食べるのなら全体を焦がしてもよいが、時間をおくなら、皮に軽く焼き目がついたところで冷水に取り、布巾を被せておけば、色も形も崩れない。
付け合わせに葡萄を2、3粒加えると、しゃれたデザートになる。

「うちでは皮に軽く焼き目がついたところで冷水にほうり込み、冷蔵庫で冷やしておいて、水菓子として出しています。そうすると、色も形も変わらないで、見た目もきれいです。皮も柔らかくなって食べられるし」

料理屋で商品として桃や林檎などの果物を出す場合、皮をむいてしまうと色が変わりやすく、柿にしても、乾いてしまうとみっともなくて、とてもお客さんには出すことができない。かといって、その都度皮をむくのも面倒だ。

「だから、これを見つけた時は、しめた、と思ったんですよ」

焼いた柿なんてめったにお目にかからないから、お客さんも喜んでくれる。

熱々を戴くのも、なかなか捨てがたい。ちょうど干し柿みたいな風味になる。何より、火鉢の前で手をかざしながら焼く風情もまた楽しい。

ただ、あんまり焦がすと美しくないし、そのまま冷めてしまったらきたなく崩れて、とても料理としては使いものにならない。

「本当なら目の前で焼いて差し上げるのがいいんですが、なかなかそこまで手が回りません。でも皮だけ焼き目をつけておいて、和紙でくるんで焼いて、そのまま出したらいいかもしれませんね」

火鉢がまだ日常的に生活の場にあったころは、東京でも灰の中にみかんを埋めておいて、温めて食べるという習慣があったという。柿も島根県などでは、今でも焼いて食べるというから、それほど特殊なことでもないのかもしれない。

冷やした焼柿は、甘味が増したまま、食感は生に近く、皮がつるっと簡単にむけて食べやすい。

今では、日本人の日常生活から「焼く」という行為そのものが消えつつあるが、炭火や、火鉢の灰の中で食材を炙りながら食べる時の、あのほんわりとした温もりは、忘れるには惜しい、生活のひとこまではないだろうか。

冬の膳

食べ物がいちばん旨い「寒」

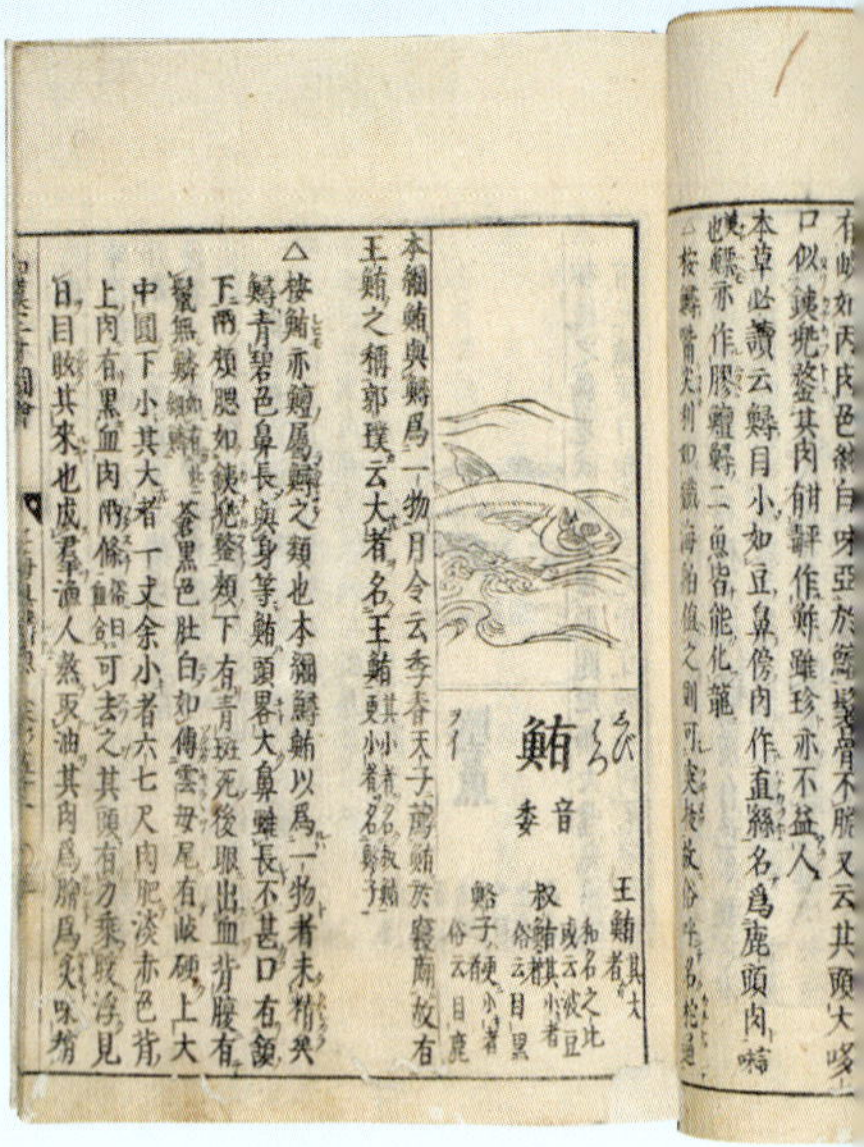

冬というと、シビ、本鮪ですね。今は鮪は年中あって、旬なんてなくなってしまいましたが、本来は断然冬の魚なんです。おすし屋さんがよく講釈を垂れていますが、もっと普通に食っていたような気がします。〝ねぎま〟なんてのはわりに早くから食べられているようですね。当時、鮪は沿岸にも相当入ってきてたんじゃないかしら。

広重の浮世絵に日本橋の魚河岸を描いた図（左頁）があります。そこに鮪らしい大きな魚がずらりと並んでいます。この並べ方が面白いんです。

というのは、関西では、黒門市場なんかでも魚を縦に並べています。でも、築地は今、横に並べるのが普通なんです。ところが、この絵を見ると、縦に並べている。なるほど昔は、関西と同じように縦だったんだ、ということがわかるんです。いろんな意味で、あの頃は西の文化がまだまだ強かったんだなと。いつ頃から、どんな理由で築地の魚の向きが変わったのか、魚河岸の人に聞いてもだれも知りませんでした。

鮪に限らず、冬の魚は総じて脂が乗ってうまくなります。

鍋も冬の定番ですね。でも、昨今のように高級な料理屋で鍋を出すことはありませんでした。決して贅沢品ではなく、むしろ一膳飯屋や居酒屋みたいな、庶民の店で食べられたものです。東京で言えば蛤鍋やねぎま、牡蠣鍋なんて、どこでもいつでもとれるようなものを鍋にしているわけですから。

江戸前の食べ物といえば鮨、蕎麦、鰻、天麩羅が代表とされますが、特に神田川、隅田川でとれた鰻は江戸前の鰻といって賞味されました。鰻は夏の食べ物と思われがちですが、実は旬は冬なんです。江戸初期までの蒲焼は、ぶつ切りにした鰻を串に刺した形が蒲の穂に似ていることからの名称のようですが、それ以外にも色々な料理があり、『料理物語』に「なます　さしみ　すし　かはやき　こくせう　杉やき　山椒みそやき　此外いろ〳〵」とあります。現在のような形の蒲焼に落着くのは江戸の中期ごろといわれています。

［上］『和漢三才図会』より《鮪》

天麩羅については『料理歌仙の組糸』（寛延元年・一七四八）に、「てんふらは何魚にても温飩《うんとん》の粉まぶし、油にて揚る也。菊の葉天ふら又牛蒡、蓮根、長芋其他何にても天ふらにせん時は温飩の粉を水醤油とき塗付て揚る也。肴にも右の通りにしてもよろし」とあります。

これらの食べ物は初めは振売りや辻売りなどの行商でしたが、次第に大きくなって屋台となっていきました。

「屋台見世といふものは安永はじめ頃（一七七三年頃）出来しものならむ」と『筠庭《いんてい》雑考』（天保一四年・一八四三）にあり、『守貞謾稿』（嘉永六年・一八五三）も「鮓と天麩羅ノ屋躰見（世）ハ夜行繁キ所ニハ毎町各々三、四ケアリ」といっています。

さて、いよいよ師走。

晦日そばの風習は江戸中期ごろからといわれています。「今世江戸の蕎麦屋大略毎町一戸あり、不繁昌の地にても四、五町一戸也」（『守貞謾稿』）というぐらいで、幕末には江戸に四千軒近くのそば屋があったのだとか。天ぷら、花まき、おかめなど「種物」の大半はもう出揃っていました。

年が明けて、「寒」の入り。寒とは二十四節気の小寒から立春までの一ヵ月間で、一月五、六日を寒の入り、前半の十五日間を小寒、後半の十五日間を大寒といいます。食べ物は魚鳥野菜の大半が、最もうまい季節です。

酒、味噌、醤油などの寒仕込み、寒に搗く寒餅は美味で、また寒の水に漬けこんだものは腐らぬといわれ、寒玉子、寒平目、寒鰤、寒蜆など、「寒」の字のつく食べ物は特に賞味されました。

歌川広重「東都名所」より《日本橋真景》（部分）
当時は鮪が関西風に縦に並べられていた。

軍鶏鍋《しゃもなべ》

肉そのものの味が問われる料理ですから、いい肉を使いたいですね。

ゆで汁のけぶる垣根也みぞれふる　一茶

その昔、江戸は本所に「五鉄」という軍鶏鍋屋があった——といっても、それは物語の中のこと。池波正太郎のベストセラー『鬼平犯科帳』にくり返し登場する、鬼平ファンならおなじみの料理屋だ。

軍鶏鍋に限らず、池波小説には、随所に食事の場面がちりばめられている。また、その描写のおいしそうなことといったら……あんまりおいしそうに書いてあるので、まねして作ってみた人も多いのではないだろうか。実際、小説に登場した料理を再現したり、料理の場面だけを抜粋して、食にまつわるエッセイを綴った本が、それぞれの小説毎に出版されているというのも特筆モノだ。

さて、軍鶏鍋である。軍鶏鍋は『鬼平』の長谷川平蔵はもちろん、『必殺仕掛人』の藤枝梅安も『剣客商売』の秋山小兵衛も、さもうまそうに食べている。池波氏自身も、こんな風に語っていた。

「梅安の時代の最大のごちそうというのは、結局、江戸前の料理、つまり新鮮な魚や貝だった。あとは野菜。それから鳥だな。鳥はみんな食べている。シャモだね。たいてい鍋にするんだ」（池波正太郎『梅安料理ごよみ』佐藤隆介・筒井ガンコ堂編　講談社文庫）

軍鶏は闘鶏用に改良された鶏のこと。通常の鶏に比べ、筋肉がしまっていて、歯ごたえがあったらしい……というのは、現在でも軍鶏料理を出す店は多いが、厳密に言うと、江戸時代の軍鶏とは違ったものだという。

「どんどん改良を重ねたので、昔の姿は失われてしまったようです。当時のままというわけにはいきませんが、現在ある〝東京軍鶏〟でやってみましょう」

そこで用意されたのが、直径二十センチにも満たない小さな鍋。今ではあんまり見かけない形だ。

「鍋というと、土鍋仕立ての水炊があるんですが、これはまあ、縄文、弥生の昔からやっていた、料理としては最も古い形でしょうね。囲炉裏に吊るした大鍋もありますが、あんま

り都会的ではない。そこで今日は、いわゆる〝すき焼〟風に仕立ててみました」
すき焼というと、明治以降の牛鍋を思い浮かべるが、江戸以前からその名はあった。もともと、農具の鋤を火にかけて肉を焼いたから「鋤焼」と呼ばれたもので、なにも牛鍋に限ったことではなかったらしい。
「すき焼をするとき、関西では今でも、まず鉄鍋で肉を焼いてから砂糖、醤油を差しているようですが、関東ではあらかじめ割り下を張ってから肉を煮ますね。しかし、江戸でも昔はこんなに割り下を張ってなかったというんです。あらかじめ、肉に下味をつけたか、あるいは焼いてから塩や醤油、味噌で味を

材料
軍鶏の肉（鶏肉でも可）、長葱
醤油、酒、味醂
粉山椒

作り方
割り下は味醂1、酒1、醤油2、水6の割合で混ぜ、いったん沸かしてから使う。肉の旨味が濃厚なので出汁は不要。葱は斜に細く切っておく。浅めの小鍋に割り下を張り、葱と肉を煮ながら、粉山椒をまぶしていただく。継ぎ足し用には割り下を薄めて用意しておく。

品種改良により、昔の軍鶏の形は失われた。

つけたんでしょうかね」

今回使用した鍋も、こうしたすき焼専用のものらしい。

「この鍋は明治か大正頃のものですが、裏に『鳥鍋』と記されているんですよ。こういう浅い鍋を使うのは、今では泥鰌屋くらいになってしまいましたね」

この浅い小鍋に割り下を張って炭火のコンロにかけ、煮立ってきたら細く切った長葱をたっぷり放り込む。そこに肉を入れて、煮ながら食べる。ぐつぐつ煮込むのではなく、さっと煮て色が変わったらすぐに引き上げて、アツアツをフーフーいいながらいただく。

「すき焼というと、しらたきや焼き豆腐が定番ですが、そうしたものを加えるようになったのは、ずいぶん後になってからのようです。もともとはネギと、あと、お麩を使っていたようですよ」

部屋中に香ばしい匂いがたちこめてきた。煮上がった軍鶏の肉にネギをからめ、粉山椒をふりかけていただく。やっぱり予想を裏切らない旨さ！　粉山椒のほのかな辛味が、割り下の香ばしさを吸い込んだ肉をキリッと締める。色が変わるのを待つのももどかしく、次の肉を放り込んで、気分はすっかり「鬼平」だ。

「いろんな物を入れた寄せ鍋なんかに比べると、肉そのものの味が問われる料理ですから、いい肉を使いたいですね」

＊

秋山小兵衛の、ある夜の食卓。

「つぎは軍鶏である。／これは、おはるが自慢の出汁を鍋に張り、ふつふつと煮えたぎったところへ、軍鶏と葱を入れては食べ、食べては入れる。／醤油も味噌も使わぬのだが、／『ああ……』」（池波正太郎『剣客商売⑩　春の嵐』「除夜の客」新潮文庫）

河豚汁《ふぐじる》

おろしているとき胆を見ると、これがほんとにおいしそうなんですよ。でも食べたら最後……。

❖黒白精味集

あら何ともなや
きのふは過ぎて河豚汁《ふくとじる》　芭蕉

「フグは鉄砲」という。当たったら死ぬ。でもめったに当たらない。だから江戸っ子は、おっかなびっくりフグを食う。

当ったら大変という富と鰒《ふぐ》（川柳）

なにもそこまで覚悟して食べなくてもいいようなものだが、やっぱり食べたい……、それほどフグはうまいのである。

「食べてみるとわかりますが、これは食感が魚の肉じゃない。むしろ、カエルの腿や鶏に近い感じです。それにゼラチン質がたっぷり含まれていますから、身体が温まりますよ」

芭蕉も結構好きだったようで、俳句の中にもしばしば詠み込まれている。そういえば、一茶にも蕪村にも、フグを詠んだ句がいくつかあった。

「今、食用にしているのは、トラフグ、ショウサイフグ、アカメフグ、サバフグなど、全部で二十種類余りあるんですが、種類によって、内臓に毒があったり皮に毒があったりします。それさえ知ってれば大丈夫なんですが、江戸の頃は今のように専門の職人がいたわけではないでしょうから、けっこう当たる人は多かったでしょうね」

江戸時代の毒消しの方法というのが面白い。よく知られているのが、頭だけ残して土中に埋めるというもの。いったいどんな根拠があったものやら。茄子のヘタの黒焼が効くとの説もあった。

「だからかどうかは知りませんが、昔からフグ屋ののれんは茄子の色、紺に決まってるんですよ」

下関に揚がった天然の虎河豚。

材料

フグのあら、葱
酒、味噌、酒粕、唐辛子

作り方

フグはちり鍋用に市販されているあらを使う。沸かしたお湯にフグを入れて、酒を少々加え、コトコト煮る。特に出汁をとらなくても、フグの旨味だけで充分。少し煮込んでから、味噌と酒粕を加えて一煮立ちさせ、火を止める直前に短冊に切った葱を入れる。味噌は普段味噌汁に使っているものでよい。酒粕の量は好みで。薬味に唐辛子を添えると味が締まる。

他にも、するめの煮汁を大量に飲む、会津産の絵蠟燭を食べる、イカの墨を一気に飲む、黒砂糖を多量に食べる、などがあったらしい（堀和久『江戸風流「食」ばなし』講談社文庫）。

さて、今ではフグと言えば下関産のトラフグが最上とされているが、江戸時代には当然、東京湾で獲れたフグを食べていた。

「江戸前の河豚といえば、かつてはショウサイフグが中心だったんでしょうね。でも最近はめっきり少なくなってしまって、河岸でもめったに見かけなくなりました」

ふべ家の冬の定番、ふぐコースも、下関産のトラフグを使用。薄造りの刺身とちり鍋、雑炊を基本にしたコースを用意している。これに加えて、唐揚げや焼き物を出す店も多い。

ところで、江戸時代はどんなふうに調理して食べていたのだろう。

「俳句や川柳によく出てくるのが『鰒汁』、フグの味噌汁です。これが、たぶん、一般的な食べ方だったんでしょうね」

『料理物語』では、フグの身を酒に漬けてから味噌汁とし、ニンニクと茄子を吸い口に添えた「ふくと汁」を紹介している。一方、『黒白精味集』には「河豚汁」として、同じように酒に漬けこむ方法と並んで、もうひとつ、「どぶ汁」が紹介されていた。

「酒粕を使った粕汁です。今回はこっちを作ってみました」

高級料理の代名詞のようにもてはやされるフグ。一方の粕汁はといえば、これはもっぱら庶民の味。今ではちょっと考えにくい組み合わせである。

一見、白味噌仕立てのように見える汁は、味もほのかに甘い。

「白味噌じゃないですよ、普通の味噌。本には『中味噌』と書いてあります。粕の甘味で、白味噌みたいな風味になってるんです」

さて、フグの身は……ほかの魚ほど柔らかくなく、鶏肉よりは柔らかく、淡泊ながらコシがあって……よく「こればかりは曰く言いがたい」といわれるように、他には例えようもない食感である。橙風味のポン酢でいただくちり鍋に比べると、ほんのりと甘く、コクのある粕汁の中では、フグの身も味がまるくなっているようだ。

「おろしているとき胆を見ると、これがほんとにおいしそうなんですよ。好きな人なら、つい食べちゃいたくなる気持ちはよくわかります。でも食べたら最後……」

片棒をかつぐゆうべの鰒仲間（川柳）

いっしょにフグを食べたのに、一人は棺桶の中、一人はその片棒を担ぐ、なんてことが、かつては冗談ではなく頻繁に起っていたのだろう。ちなみに現在、フグ中毒で生命を落とす人は、ほとんどが釣ったフグを自分でおろして当たってしまったケースなのだというから、くれぐれもご用心。

煮《にやっこ》やっこ

お豆腐が余った時なんか、いちばん手っとり早くて、手間もかからないし、おいしいし。

❖日々徳用倹約料理角力取組

「先日、知り合いの落語家がやってきて言うんですよ。『煮やっこ』って言ったら、誰も知らなかったってね。一昔前までは、どこの家庭でもやってたんですけどね」

「煮やっこ」とは、文字通り豆腐を煮たものなのだが、湯豆腐のように下地をつけて食べるのではなく、味付けした出汁で豆腐を煮て、そのままなにもつけずに食べる。

豆腐を手軽においしくいただく料理といえば、今では冷やっこに湯豆腐が定番。かつてはこれに煮やっこが加わって〝三役〟だったのに、どうして煮やっこだけが忘れられつつあるのだろうか。

「たとえば『豆腐百珍』（江戸後期）なんかの料理本にも、湯豆腐は『湯やっこ』という名で出てくるし、『冷ややっこ』という名前ではないけど、そのまま食べるのも載っているんです。だけど『煮やっこ』は出てこないですね」

ところが江戸時代後期から刊行された「食物番付」には、煮やっこは必ず登場してくる。たとえば幕末頃のものと思われる『日々徳用倹約料理角力取組』には「前頭冬」の部の五枚目に「煮やっこ」がある。ちなみに「前頭冬」の一枚目は「ゆどうふ」で、以下「こんにゃくおでん」「なっとうじる」「かぶなじる（蕪菜汁）」と続く。要するにこれは、安くておいしい庶民の〝おかず〟の番付なのである。

「昔、東京の下町では、冬といえば煮やっこというぐらいの感じで、食べてましたよ。うちでは今でもしょっちゅうやってます。ちょっとお豆腐が余った時なんか、いちばん手っとり早くて、手間もかからないし、おいしいし。でもね、絶対にお店でお客さんに出すことはありません。やっぱりこれは〝おかず〟なんですよ。お金を取って出すもんじゃないし、料理として、本にことさら記録するようなもんでもないんでしょう。ただ川柳なんかには、結構詠まれていると思いますよ」

『守貞謾稿』より《豆腐売》

材料

木綿豆腐
醤油、味醂、鰹出汁

作り方

煮汁は鰹節の出汁6に醤油、味醂それぞれ1の割合で、あらかじめ煮立てておく。お酒を杯に1、2杯加えれば、なおおいしくなる。

豆腐は硬めの木綿豆腐がよい。弱火で長時間、コトコトと煮て、芯まで味をしみこませる。他のものは加えずに、豆腐だけで楽しみたい。

薬味には七色唐辛子の他、好みで葱、生姜、大根おろしも合う。

残った煮汁をご飯にかけていただくのも、また一興。

先の番付は、明治、大正頃まで延々と刊行が続くのだが、鍋料理が二、三増えるくらいで、ほとんど内容は変わっていない。というより、今、我々が日常的に食べている〝おかず〟がずらりと並んでいる、といってもよい。

『江戸語の辞典』（前田勇編　講談社学術文庫）によれば、「煮奴」とは「奴豆腐を割醤油で煮ながら花鰹を添えて食するもの。また奴豆腐を醤油・鰹節で煮たもの」と解説した後に「葬礼の後で出す」とある。葬式と煮やっこ、いったいどんな関係があったのか。

「たぶん〝精進〟ということと、煮やっこなら手間がかからないということじゃないですか。湯豆腐だったら薬味がいるでしょう。でも煮やっこならなんにも用意しなくてもいいから」

「近頃の豆腐は軟らかくっていけねえ」とは、先の落語家の弁。煮やっこには硬めの木綿豆腐の方が合う。しっかりした豆腐なら、長時間コトコト煮ても形が崩れないし、味もよくしみこむ。

「よく煮込んだ方がおいしいですよ。他にはなんの味付けもしないんですから」

煮汁は鰹節の出汁に醤油、味醂を加える。薄めに仕立てておいて、食べるときに味が足りなければ醤油を注すくらいでよい。

「別に出汁がなくても、醤油と味醂だけで煮てもけっこういけます。昆布の一枚でも放り込んでおけば、なお結構。ただ、それでやろうと思ったら、醤油も味醂もいいものを使わないとおいしくできませんけどね。出汁にお酒を入れると、もっとおいしくなりますよ」

とはいえ、なぜか、定食屋や居酒屋でもあまり見かけない煮やっこ。

「揚げ出し豆腐はあるのにねえ。醤油と味醂の味だけというのが、単純すぎて、売りにくいんですかねえ。でもこれに、薬味を五、六種類添えて出したら、楽しいと思いますけどね。豆腐って、仕立て方で、高級感あふれるものになるしね」

弱火でじっくりと煮た土鍋の蓋をとると、湯気といっしょに出汁の香りがふわっと立ちのぼる。煮やっこは、余分な味を加えない分、豆腐そのものの味を楽しむことができる。好みで薬味に生姜や葱を使ってもいいが、七色をふりかけるだけでも、豆腐の味はぐっと引き立つ。

「ここに鯛だの鱈の切り身だのを加えてしまったら、もう全然別のものになってしまうんですよね。やっぱり豆腐だけでやんなきゃ」

豆腐にはことさらこだわらなくても、どんなものでもいいというが、それも完璧な出汁があってこその話。庶民の〝おかず〟だとはいえ、この出汁の味は、素人にはやはり真似できそうにはない。

鯛の香物鮓《たいのこうのものずし》

今はちゃんと漬ける人が少なくなって、なかなか本物の沢庵が手に入らないんですよ。

❖鯛百珍料理秘密箱

昔も今も鯛といえば魚の王様。味はもとより、なんといってもあの姿形の美しさが愛でられてきた。

一方の沢庵はといえば、庶民の食べ物。沢庵の尻尾をおかずに、なんていうと、貧乏の象徴みたいな、哀愁が漂う。そんな対照的な二つの素材を取り合わせたのがこの料理。

「これは『鯛百珍料理秘密箱』という、一八世紀後半に書かれた料理本にあります。最初に見た時は、本当にこんな取り合わせがあるのかなと思いましたよ。ところがやってみると、沢庵の塩気と酢と鯛が見事に合うんですね」

本来は酢飯の上に薄く切った鯛と沢庵を載せ、さらに酢飯を被せて、一晩、重しをして押し鮓にするのだという。そして中の鯛と沢庵を箸で掘り起こしながら食べる、と記されている。

「そうすると確かにおいしいんですが、鯛が白くなっちゃって見栄えがよくないんです。それにぐじゃぐじゃになっちゃうでしょ。やっぱり生き生きとした感じが欲しいじゃないですか」

というわけで、今回は新鮮な鯛を薄切りにし、小口に切った沢庵と合わせた即席バージョン。

「生の鯛にはちょっと癖があるから、生姜や山葵なんかを刻んで入れると、そんな癖も消えます。押し鮓なら馴染んでしまうから気にならないんですが、こんなふうに即席に出すんなら、薬味を効かせた方がいいですよ」

盛りつけをきれいに見せたいなら、鯛を皮つきのまま使うのもよい。沢庵は鯛より小さめに切った方が見栄えはいいだろう。

「江戸時代でも鯛は高級な魚だったと思います。味でいえば、白身の魚なら平目でも鱸でもいいんです。白身でなくても、鮪だっていいんじゃないかな。ただやっぱりあの色と形は鯛でなくっちゃいけない。料理の出来栄えが全然違うんです」

高級魚の鯛とひね沢庵、こんな奇抜な組み合わせは珍しい。

材料

飯、鯛、沢庵
酢、塩、生姜

作り方

鯛は3枚におろし、薄くそぎ切りにし、バット（または皿）に並べて塩をする。塩が溶けて水が出てきたら酢で洗う。

沢庵は皮を取り、薄く小口切りにする。水洗いして軽く塩気をぬき、固く絞る。

生姜は酢どりしたもの（ガリ）を細かく刻む。

固めに炊きあげた飯に塩少々と酢を合わせ、酢飯を作る。

酢飯に沢庵と生姜と鯛を、手早く混ぜる。鯛の量が少なければ、飯の上に二切か三切載せるだけでもよい。押し鮓にするなら、半日か一晩、重しをする。

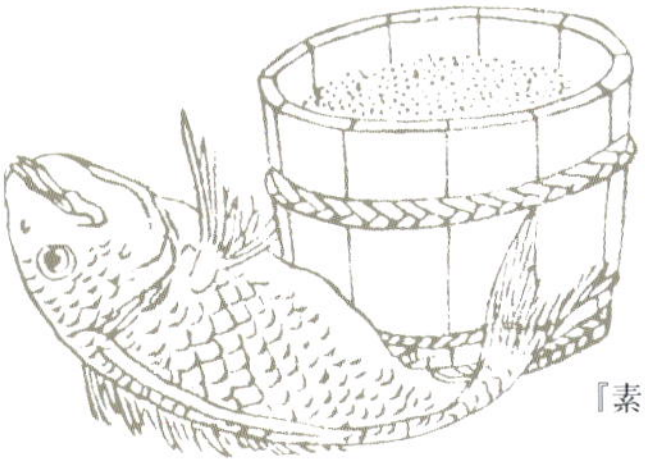

『素人庖丁』より

一方の沢庵だが、こちらは樽の底でしわしわになったような古漬け、いわゆる「ひね沢庵」がよい。ところが、これがなかなか手に入らない。

「今はどこで買っても沢庵が甘いでしょう。あれを使うと台無しになるんです。あくまでも押しのきいた、ひね沢庵でないとね」

ここで使っているのは、信州の凍り豆腐の職人が、自家用に漬けていたものを分けてもらったものだという。

「今はちゃんと漬ける人が少なくなって、なかなか本物の沢庵が手に入らないんですよ」

それならいっそ、自分で漬けようと試してみたが、東京は気温が高過ぎるのか、すぐに黴が生えてしまって、どうしようもない。

「だから好きな人が集まって、みんなでお金を出して、一樽いくらで買うからという契約で、毎年漬けてもらっているんです。そうでもしないと、もうだれも漬けなくなってしまいそうなんです」

築地の漬物屋でさえ、今時本物の沢庵を手に入れるのは難しい。

今の世の中、高級魚の鯛はどこの魚屋でも簡単に手に入るが、皮肉なことに、つい二、三十年前まではどこにでもあった沢庵を見つけることの方が難しくなってしまっている。

「ですから、できるだけ甘くない沢庵を探し出すことが第一です。辛い沢庵さえ見つかれば、失敗することはまずない、と言ってもいいくらい。魚は鯛でなくても、なんでも余った魚を使えばいいんです。沢庵がどうしてもなければ、大根の塩漬けなんかでもいいかもしれない。歯ざわりの良さが肝心ですから」

確かに作り方はいとも簡単である。難しく考えられがちな酢飯だが、炊きたてのごはんに、塩を加えた酢をかけ回して、一気に混ぜればそれでよい。それを少し冷まして、まだ温もりの残るうちに鯛と沢庵を合わせる。

「鯛を薄切りではなく、ころころの切り身にしても、またそれはそれでおいしいと思いますよ」

時間があれば、半日か一晩、重しをして置くのもいい。見栄えは少々悪くなるが、酢飯が発酵し、米のうま味が滲み出て、本来の鮓の味を楽しむことができる。

でも、今回は新鮮さを生かした「鯛の香物鮓」。沢庵に混じってほんのりと薄紅色を残した鯛の切り身が見え隠れする飯碗から、酢飯の香が漂って食欲を誘う。口に入れると、沢庵のポリポリとした歯触りと、まだ弾力を残した鯛の切り身の歯ごたえが絡み合う中、生の鯛に沢庵の塩気が、こちらもほどよく絡んで、味は絶妙。

沢庵を貧乏臭い食べ物と決めつけないことが、素材の秘めた底力を引き出すことに成功した、柔軟な発想の勝利だろう。

「そう、これは傑作ですね」

江戸名物を列挙した双六。「日本橋魚市」「隅田川桜もち」「吉原あげ」「萬久煮しめ」「根岸笹の雪」「豊嶋屋白酒」などが描かれている。「あがり」は別の絵の中か？

雑煮は家長が汲んだ若水で

師走の二六、二七日に餅をつき、大晦日には物売りの声があかるくひびく。「干大根売いよ〱春めきてよし、焼鮒売、川沙魚《はぜ》売よし、終夜餅搗声めでたし、……塩鰹鮭売声、餅莚売声、ごまめ、数の子、生干、蒸鰈《がれい》口、塩鱒売声、晦日の夜雑煮箸、あんも焼、団扇売声、干芋、胡蘿蔔《にんじん》、牛蒡売声、みるとみ聞くときく程の物心よからぬはなし」とは、『市隠月令』(文化年間・一八〇四〜一八)に出てくる描写。

元旦は初日の出に手を合せ、神社仏閣に初参りをして、家長が汲んだ若水で雑煮を作るのがしきたりでした。この日だけは家の掃除をしません。元旦の座敷は清浄なものであり、福を掃き出さぬためといわれます。屋台や物売りは別にして、大方の商店は休みでした。

さて、三ケ日は屠蘇と雑煮とおせちで祝うわけですが、雑煮は古くは「烹雑《ほうぞう》」とよばれ、おせちは江戸では「喰積《くいつ》み」、上方では「蓬莱《ほうらい》」又は「宝来」と称しました。

江戸の雑煮は、江戸城の賄方記録によると「餅、焼豆腐、里芋、青菜、花鰹」とあり、町方もほぼこれにならって餅は角餅を焼き、汁は醤油の入った清し仕立てです。

おせちは数の子、昆布巻、田作り、煮豆などのほか、八ツ頭、牛蒡、人参、蒟蒻、焼豆腐などの煮たものを用意し、屠蘇は味醂に屠蘇散(数種の漢方薬を調合したもの)を入れました。

今のように、おせち料理を重箱に詰めるようになったのは、江戸時代後半からだといわれています。ごまめ、かずのこ、きんとんなど、今も変わらぬメニューが定番でした。

数の子和え物

かずのこあえもの◉素人庖丁

これは黒ゴマで和えてあるんですけど、中身がなんだかわかりますか？

蓬莱に聞かばや伊勢の初便　芭蕉

数の子はお正月には欠かせない縁起物。数の子が鰊の卵であることはいうまでもないが、古来、蝦夷地では鰊のことを「カド」と呼び、その子だから「カドの子」だったものが転じて「数の子」と呼ばれるようになったのだという。その字面から子孫繁栄の縁起物とされてきた。

さて、時は江戸時代の中期、尾張藩に天野信景という国学者がいた。彼が著した『塩尻』という随筆集は、実に千巻にも余るといわれている。その内容は歴史、科学、博物誌から食物まで、森羅万象あらゆるものを網羅しているのだが、なかに「数の子」と題した一文があった。

その冒頭。

「今の俗新年賀客に酒をすゝめ侍るに、肴には必ず数の子〔にしんといふ魚の子なり〕を以てす」

とある。この時期、すでに数の子は正月の縁起物として食されていたことがうかがえる。

それはともかく、これに続く彼の失敗談が面白い。以下、要約。

「干し数の子」は水でもどし、醤油で食べるものだ。しかし、これを煮て羹《あつもの》にしたらさぞやうまいだろう、そう思って鍋に入れたら、卵は大きくなって、色も白く「いとつやゝかに」なった。そこで食べてみたのだが、「其かたき事石のごとし」。結局食べられなくて捨ててしまった……。

というような顚末である。

話はここで終わらずに、「せっかく昔の人が調理法を言い伝えているのに、余計なことをして薪を無駄遣いしてしまった。国家の政も同じこと……」と、続く話は天下国家に及び、「今吾古人の調味をもとき侍りし誤を記して後の妄作をいましむ」と結んでいる。

数の子を煮て天下国家を憂うることもなかろうが、それほどに数の子の調理法というものは限られているということだ。

「鰹節をかけて醤油と酒に漬け込むのが、やはり一般的ですね。しかし、料理屋でそれじゃ、あまりに芸がないでしょう」

実際、数の子を扱うのは冬のほんの一時。しかもお客さんのほとんどは、自宅でもう存分に数の子を食べてきているはずだ。とはいうもののやはり縁起物。年明けのお膳にはぜひ供したい。

「昔の本におもしろいのが載ってたんですよ。江戸後期の

『素人庖丁』という料理本なんですけど」

それがこの黒白二種類の和え物である。白の方は、いわゆる「白和え」。白味噌と豆腐で数の子と木耳を和えてある。これはまあ、それほど珍しいというわけではない。問題は〝黒〟である。

「これは黒ゴマで和えてあるんですけど、中身がなんだかわかりますか？」

淡い黄色の数の子の肌も、黒いゴマの中に埋もれてしまって、ほとんど見えない。なんだかわからないまま、口にはこぶと……

「！」

このしゃきしゃきとした歯触り、そして甘酸っぱさ……リンゴ!?

口に入れると、まず数の子のプリプリした歯触りに、リンゴのしゃきしゃきが割り込み、さらにねっとりとしたゴマの

【材料】

◆数の子、リンゴ
黒ゴマペースト、酢

◆数の子、木耳
白味噌、豆腐

【作り方】

◆数の子は塩抜きし、薄皮を取って適当な大きさに下ごしらえしておく。リンゴは薄くスライスし、数の子よりは少し小さめに切っておく。市販の黒ゴマペーストに酢を少々加えて和える。

◆白和えは、豆腐をつぶし、白味噌を加えて和える。付け合わせは木耳に限ることはなく、工夫次第でいろいろ試してみるのもよい。

ペーストがからんで、なんとも言葉にしにくい、複雑だが新鮮な食感である。数の子の生臭さはリンゴの酸味とゴマの香ばしい風味にすっかり隠れており、それぞれの風味が混ざり合うことなく、きちんと主張しているのだが、不思議に響きあってひとつの「味」を作っている。

「ゴマ和えというと、普通はホウレンソウだとかコンニャクだとかでしょう。そこに数の子と果物を和えるという発想が面白いじゃないですか」

原典の『素人庖丁』には、リンゴではなく梨を使うと書いてあるらしいが、この時期、梨は手に入らない。また、現在のような甘く水をたっぷり含んだ梨ではなく、猿梨のような、酸味の強い、硬めの梨を使ったのではないかと想像される。だとすれば、むしろリンゴの方がオリジナルに近い食感を得られるのかもしれない。

「数の子が果物と相性がいいなんてことは、気がつきませんでしたね。今日はちょっと酢を加えてみたんです。リンゴが入るからサラダ感覚で食べたらいいような気がしたのでね」

黒々とした見た目からはちょっと想像できない、さわやかな「数の子サラダ」。やってみればなんてことはないが、その発想の柔らかさに脱帽の一品だった。

合歓豆腐

ごうかんどうふ ◉ 豆腐百珍［続編］

不思議な組み合わせですよね。豆腐の白と餅の白、見たところ同じようなのに、食べてみると全然違う。

「豆腐の上に餅を載せて葛あんをかけただけ、本当にシンプルな料理ですよね。『合歓豆腐』っていうんです。ちょっと艶っぽい名前でしょう。『豆腐百珍』の続編に出てくる料理です」

これまでにも何度か登場しているが、『豆腐百珍』は文字通り、豆腐を使った料理百種を並べた、当時の料理本ベストセラーである（ちなみに、「ふべ家」主人である福田さんがその百種を実際に作ってみせたのが『豆腐百珍』《とんぼの本》）。

そこに登場する豆腐料理の中でも、餅との組み合わせは、この「合歓豆腐」を入れても二つぐらいしかないという。

「不思議な組み合わせですよね。豆腐の白と餅の白、見たと

【材料】
絹ごし豆腐、角餅
出汁、葛
塩、醤油

【作り方】
餅の大きさに合わせて豆腐を切る。豆腐と餅を重ねた時に椀より高くならないよう、厚さに注意する。湯を沸かし、弱火で豆腐を温める。
別の鍋に出汁を入れて火にかけ、塩、醤油で味を調え、沸いたところへ水に溶いた葛を入れて葛あんを作る。
椀に温めた豆腐を入れ、焼いた餅をその上に載せ、葛あんを上からかける。
しぼり生姜、大根おろし、柚子、花がつお、唐辛子など、薬味は自由に。

ころ同じようなのに、食べてみると全然違う。そこがミソなのかな、くらいに思ってましたから、今まではこの本に書いてある通り、餅を茹でて豆腐の上に載っけてたんです。だけどこれが滑ってなかなかうまくいかない。特に今の餅は、昔のものよりやわらかいので、どうしたってだらしない感じになる。そこで間に海苔をはさんだり、いろいろ工夫してたんです」

豆腐は絹ごし。普段は店の近所の豆腐屋さんのものを使っているが、「合歓豆腐」は重い餅を載せるので、特別に固めの豆腐を仕入れてきた。

「今日は餅を茹でないで、焼いてみたんですよ。こうすると全然滑らないし、餅の風味も増しますね。白い肌を強調したいのなら、片面だけ焼いてもいい」

どうやって食べるのか、と戸惑ってしまうが、まず餅をひと口いただいて、次にその下に現れた豆腐を食べる、というのが順当だろう。思ったよりも餅はやわらかく、ねらいどおり、むっちりとした餅と、つるっとした豆腐の食感を交互に楽しむことができた。

「『豆腐百珍』は大坂で出版された本ですから、紹介されている料理も関西系で、関西ではふつう餅は丸餅なんですけど、この料理に関しては、切り餅を使うようにという指示があるんです。そのへんが〝江戸寄り〟というか、江戸っぽくて、好きなんですね。ま、豆腐の四角に合わせたんでしょうけどね」

当時、豆腐は庶民から大名まで、広く食べられていた。

「『豆腐百珍』の三十年ぐらい前の本で、『料理山海郷』という各地の郷土料理を集めたものがあるんですが、そこにも豆腐の料理はいろいろ出てきます。考えてみれば、『豆腐百珍』だって、全部が全部オリジナルなアイディアのわけはなくて、きっとそういう地方の料理なんかからヒントをもらっているに違いないんです。

でも、単純なことなんですが、豆腐はいつもヤッコ以上の大きさに切ろうとは思わないし、汁に入れる以下に小さくしようとも思わないですね。でもこの本を読んでいると、なるほど、こんな使い方があってもいいんですよね」

一方、餅は正月や特別のお祝いの時にだけ食べられる〝ハレ〟の食べ物だ。

「これはお正月の重ね餅のイメージだと思います。雑煮の一種だと考えてもいいでしょう。雑煮というのは、本当はいろんな具が入るものですがね。〝雑煮〟と書くくらいですから」

雑煮の作り方は各地で千差万別。実際に豆腐を入れる地方もあるという。しかしおそらく、餅と青菜と鶏肉だけ、という東京の雑煮が、全国で最もシンプルな形であろう。

「これは、その東京の雑煮よりもさらにシンプルですね。餅と豆腐だけという、このすっきりしたところが、僕は好きですね。非常にセンスが良い、という感じがします」

今回は、葛あんをかけるだけ、という最もシンプルな形で仕上げたが、薬味にしぼり生姜をかけたり、大根おろしや青菜、柚子を添えるなど、演出は自在だ。

「プロ、アマを問わず、料理には、うんと手をかけてきれいに作りたいという人と、あまり手をかけないでストレートに素材の味を生かすタイプとがありますね。私は何もしないのが好きなんですよ。昔の料理本を読んでいると、やはりできるだけ手をかけないで、素材を生かすことに徹しているんですね。本来、江戸前の料理っていうのは、そういうものじゃなかったでしょうか」

この「合歓豆腐」にしても、単純といってしまえばそれまでだが、それだけに餅、豆腐そのものの持ち味はごまかしようもなく、そしてなにより出汁の味が決め手となる。単純になればなるほど、見えないところで料理人の腕が問われるのである。

くわい金団

くわいきんとん◉料理通

さつま芋の方がきれいに仕上がりますが、くわいの方がさっぱりして、味は上品になります。

昔から食べ継がれ、今も確かに存在しながら、特殊な場合にしか食べない食材がある。くわいもそのひとつ。くわいはお節料理には欠かせぬものだが、決して日常的な食材ではないだろう。特に若い世代には、生のくわいを見たことがない人も多いのではなかろうか。

「うちでは寄せ鍋にはくわいがないと物足りないという気がします。煮崩れしなく、ちょっとほろ苦みがあって、それがいいという人も多いんです。くわいせんべいといって、ポテトチップスのように薄くスライスして油で揚げたものもよく食べます。おいしいですよ」

江戸の料理本でも、煮物に入れるぐらいで、くわいを使う料理はそれほど多くない。そのくわいを使って、金団を作る。

「金団というのは、初めは味噌汁に葛の団子を入れた料理の名前だったんです。それがいつ、お皿に載るようなものに変身したのかは、わかってないんですが」

羊羹が本来は羊の羹《あつもの》であったのが、いつの間にか小豆のお菓子になったように、金団もまた、なにかのはずみで、誰かが発明したその日から、黄色くて甘い料理に生まれ変わったようだ。

そんなわけで、発祥については定かでないが、少なくとも幕末には存在していたらしい。有名な料理屋「八百善」の献立を並べた『料理通』という本に、このくわいの金団も載っている。

幕末から明治にかけて、江戸、東京の料理屋では、土産に折り詰めを持たせるという風潮があった。

「留守居役のお侍さんや、商家の旦那なんかが宴席に招かれたら、お土産に持って帰ったんでしょうね。傷まないものでなければいけませんから、蒲鉾や玉子焼、金団なんかが定番だったようです」

その金団も、一番高級なのがくわい、次がさつま芋、最も大衆的なのがいんげん豆などの豆を使った金団というランクがあった。

縁起物のくわいと、着色に使う山梔子の実。

今では栗金団はお節料理に欠かせない一品。一般的にはさつま芋の衣に、甘く煮た栗を合わせる。かつてはお節の金団でも、さつま芋とくわいは並行して存在したようだ。しかし今時、くわいを使うところなど、よほど高級な料理屋ならともかく、まずないだろう。

「やはり経済的で、きれいに仕上がるから、自然にさつま芋が主流になったんでしょうね。ただ、さつま芋で作るより、くわいの方がさっぱりして、味は上品になります。本来、栗金団というのは、衣も栗だけで作ったのかもしれませんが、栗だけで作るより、これの方がやはり上品です」

【材料】
くわい（大きめを5、6個）
栗（国産の大きいのを5、6個）、山梔子の実
砂糖、味醂

【作り方】

山梔子の実の殻をたたき割り、布袋に入れて一晩水に漬け、色水を作る。茹でる時に、布袋に包んでいっしょに火にかけてもよい。

この黄色い水に皮をむいた栗を入れて火にかける。栗に火が通ったら砂糖を加え、ことこと煮て味を含ませる。

くわいは皮をむいて薄切りにし、同じく色水で茹でる。アクをまめにすくい取りながら、串がすっと通る状態に茹で上がったら水気を切り、すり鉢でつぶしてから裏漉しする。すり鉢がなければおろしがねでもよい。

そのくわいを鍋に入れ、味醂1/2カップと砂糖大さじ1杯を加えて、焦げないように中火で練り上げる。艶を出したければ、砂糖を多めにするか、水飴を加える。

栗をもう一度温め、くわいと同じ温度にしてから、汁気を切ってくわいと合わせる。

作る手間は、芋もくわいも同じ。まず、あらかじめ栗を煮ておく。くわいも皮をむいて茹で、すり鉢でつぶしてから裏漉しする。これに味醂と砂糖を混ぜて火にかけ、焦げないよう中火で練り、煮詰まったら栗と合わせる。

「ここが肝心なんですが、冷めた栗や壜詰の栗を、そのまま衣に合わせてもだめなんです。煮上がった衣と同じ温度に温めてから合わせると、きれいになじみます」

ところで、さつま芋ならある程度黄色く仕上がるが、くわいはそのままだとじゃがいもみたいな白っぽい色になる。栗だって同じようなもの。金団特有の黄色にはほど遠い。

「煮る時に、山梔子《くちなし》の実を入れておくんです。そうすると鮮やかな黄色に染まります」

山梔子は古来、染料や防腐剤にも利用されてきた。無味無臭で、色だけを鮮やかに加えてくれる。理想的には、栗もくわいも、山梔子の殻を割って一晩漬け込んだ、黄色い水で煮るのがよいが、茹でる時に、布袋などに包んだ山梔子をいっしょに放り込んでおいてもよい。

しかし、どうして黄色にこだわるのか。

「もともとは陰陽五行の〝五色〟という、色の取り合わせからきたのでしょう。黄色は〝土〟の象徴ですが、鯛の赤、昆布の黒みたいに、黄色い食材といったら、卵くらいしかないでしょう。それに、山梔子の解毒防虫効果もあったのだと思います。まあ、綺麗だし、白いタラコがおいしそうに見えないように、やっぱり金団は黄色でないと、おいしそうには見えないでしょう」

さて、くわいの金団は芋の金団と、食べてみるとどう違ったか。まず、口当たりがサラッとしている。舌にべとつかず、軽い食感。甘味にもしつこさがなく、淡泊なくわいの味と、栗そのもののほのかな甘味も、衣に埋もれることなく、引き立ってくる。ねっとりしていながら口の中で軽くとけ、栗の味も損なわない。なるほど、それが「上品」な味ということなのだろう。

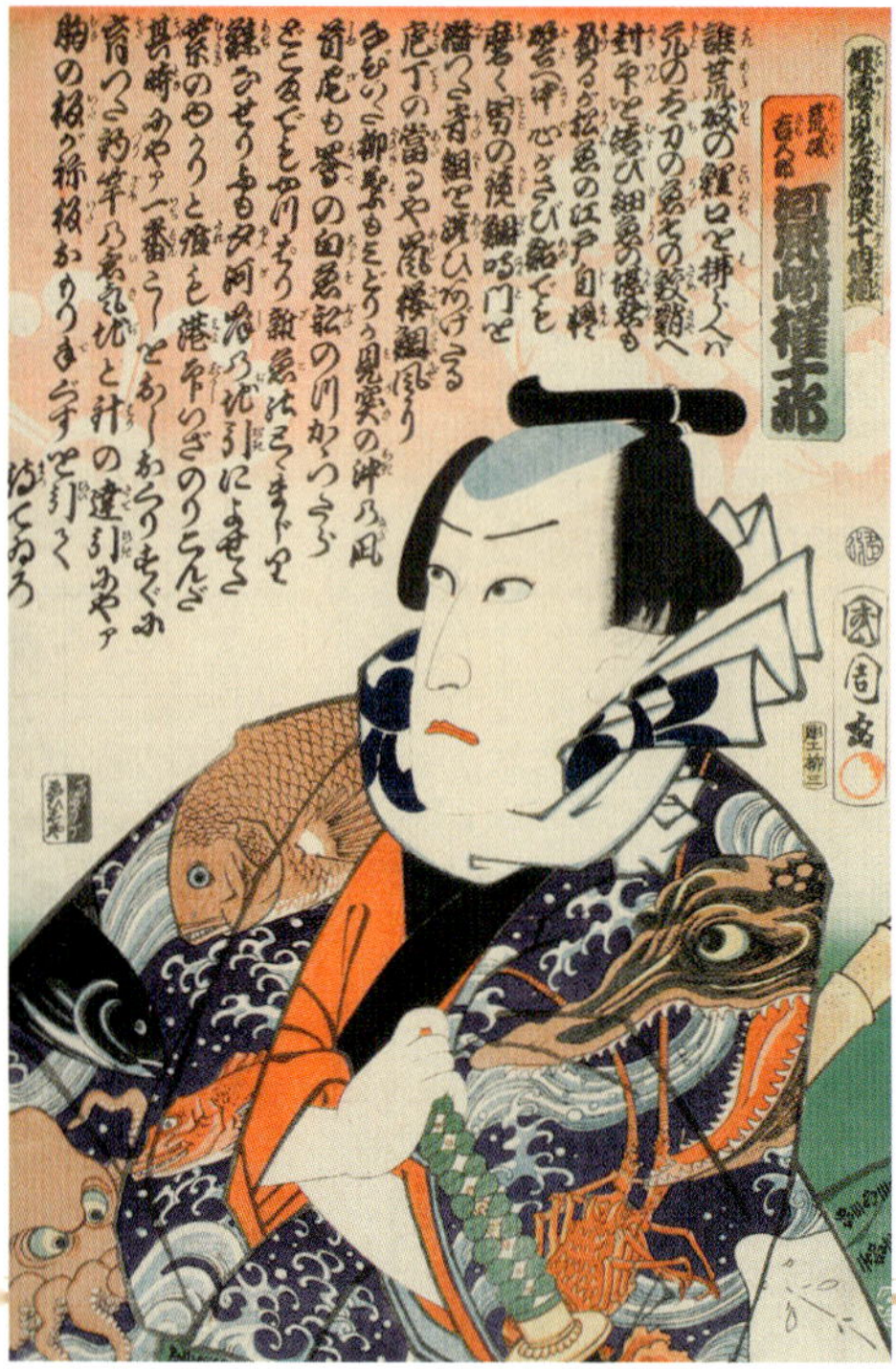

歌川国周「俳優見立游侠十個揃」より《荒磯吉二郎　河原崎権十郎》
「誰荒磯の鯉口を払らへば元の太刀の魚その鮫鞘へ封印を結び細魚の……」と口上が魚づくしになっている。

玉子焼《たまごやき》

だし巻は温かいうちが華、厚焼玉子は冷めてからの方が味がなじんでおいしいと、私は思うんですけど。

最後の料理はふべ家名物の玉子焼。厚さ五センチはあろうかという、ふっくらとした厚焼玉子だ。

一回に十〜十二個の玉子を八寸角の鍋で、約十分ほどかけてじっくりと焼く。全体に均等に火をまわすこと、表面にほどよい焦げ目をつけることなど、終始、火加減との闘いだ。これだけの大きさになると、ひっくり返すのにも熟練の技がいる。

「毎日焼いてないと、うまく焼けなくなっちゃうんですよ。だからうちでは毎日焼いて、酒の肴にいつでもお出ししてます」

焼きたての玉子焼は、鍋の縁よりさらに高く、ふっくらと盛り上がっている。漂う湯気にのって、香ばしい香りが鼻先をくすぐると、もうたまらない。世界中に何千種類の玉子料理があろうと、やっぱり日本人には玉子焼がいちばん！

「関西の人には、こんなの味が濃すぎて玉子の持ち味を殺してるっていわれるんですよ。まあ、だし巻は温かいうちが華、厚焼玉子は冷めてからの方が味がなじんでおいしいと、私は思うんですけど」

関西出身の人が東京に出てきて、玉子焼が甘いのでびっくりした、という話をよく聞く。関西風の「だし巻」は、細長い鍋で薄く焼いた玉子を何重にも焼き重ねて作る。玉子そのものの風味を生かすため、味付けも控えめで、砂糖など甘味は加えない。

対して江戸前の「厚焼玉子」は、正方形に近い鍋で豪快に焼き上げる。調味料も、酒、鰹出汁、塩、醤油に加え、相当量の砂糖を入れる。

日本全国、どこに行っても玉子焼のないところはないだろうが、塩味派、醤油派、そして砂糖醤油派と、その食文化は地方によって、また各家庭によってはっきり分かれているようだ。

「折り詰めのお土産の御三家といえば、蒲鉾、金団、そして玉子焼ですね、だから味付けも濃いめにしないと日持ちしないということもあります」

さて、江戸時代の玉子焼はどんなだったのだろう。玉子料理の集大成で「卵百珍」の異名をもつ

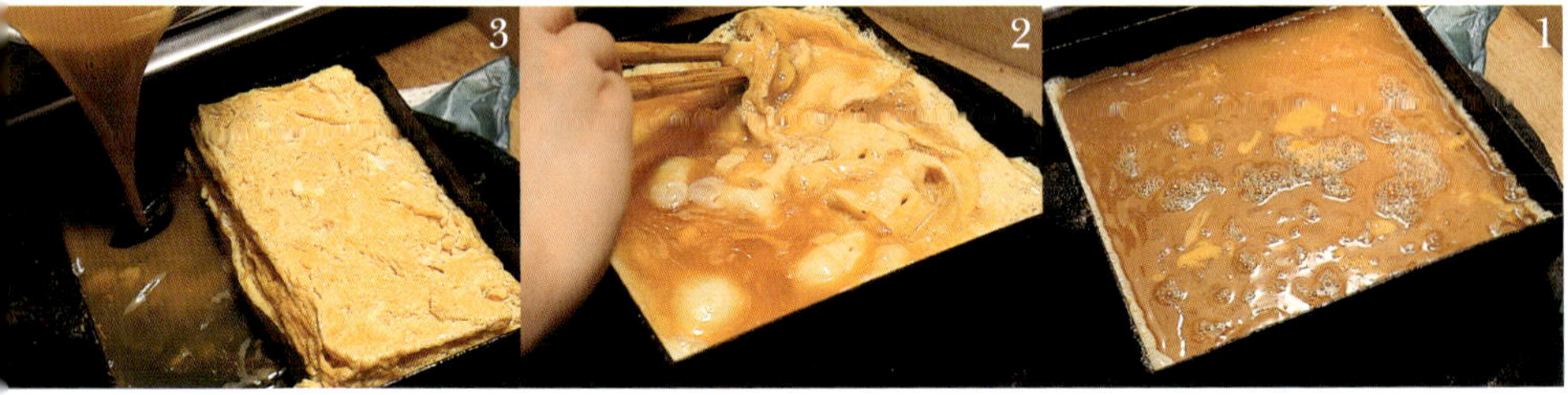

『万宝料理秘密箱』をぱらぱらとめくってみたのだが、いわゆる「厚焼玉子」に相当する料理はみつからなかった。もちろん、玉子を焼いて様々な料理に応用しているのだが、ほとんどが薄焼きで、そのものが料理というよりは、素材として扱われているようだ。

「今のような江戸前の甘い厚焼玉子が出てきたのは、江戸末期から明治になってからじゃないでしょうか。それまでは薄焼きか、あるいは海老のすり身なんかを混ぜて焼くのが普通だったと思います」

文化三年（一八〇六）の料理書『料理簡便集』に出てくる「玉子焼」は、「玉子五つばかり　魚又はゑびのさいのめ　きざみねぎ入れ　醤油少し入れ　あつ焼にして切て出す」と記されている。

「あの当時だと、砂糖はまだ貴重品だったんだと思います。しかし、砂糖を使わないと、固焼きになってしまう。ふっくらと焼こうと思ったら、砂糖が不可欠なんです」

玉子焼に限らず、茶碗蒸しなどの玉子料理も、本に記されたとおりに作ると、今のものよりずっと固めに仕上がってしまうという。

「案外ね、これはカステラを真似て作ったんじゃ

ないかと思うんですよ」

そう言われてみれば、このふっくらとした焼き上がりの感覚は、カステラの感じに近いかもしれない。「卵百珍」には玉子に小麦粉と砂糖を混ぜて焼く「カステラ卵」という料理が出てくるが、実際に作ってみると、普通の厚焼玉子の方が数段おいしかったとか。

さて、上手に玉子を焼くコツはどこにあるのだろう。

「まず、合わせ汁を一沸かしして砂糖を完全に溶かしておくことです。玉子はあまりかきまわしすぎないほうがいい。あとは火加減ですね。これはもう、火加減そのものの料理ですから」

贅沢に分厚く切った玉子焼をいただく。断面は見事なまでに均質に焼けている。冷めるにつれ、ふっくら感は多少そこなわれるが、その分、味がしっとりと落ち着いていた。毎日とはいわないが、時々無性に食べたくなる、どこか懐かしい味——。この濃厚な甘辛さ、関西風のだし巻と比較するのはナンセンスだろう。まったく違う料理だと思った方がいい。

これが「江戸前の玉子焼」なのだ。

【材料】
玉子10個
鰹出汁、酒、砂糖、塩、醤油

【作り方】

鰹出汁と酒を150ccずつ混ぜ、砂糖カップ1杯、塩ひとつまみ、醤油60ccを加えて、ひと沸かしする。この「酒出汁」を冷まし、軽く溶いた玉子に合わせる。鍋をよく熱してから油をたっぷりひき、玉子液を3分の2ほど流し、底の方に少し火がとおってきたら箸で向こうへ寄せ、返す。油をひき、残りの玉子液を向こうの下に入るように箸で流し入れたら、手前に返し、向こうへ寄せて焼き上げる。玉子焼は火加減が第一である。

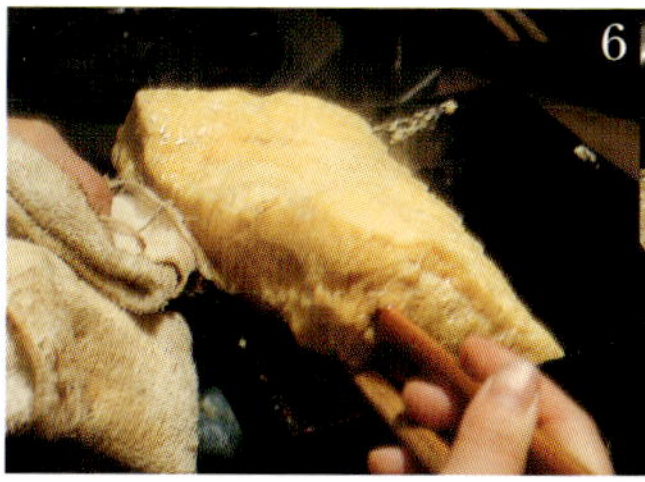

主要参考文献

『蕎麦の世界』新島繁・薩摩夘一共編　1985年　柴田書店
『江戸味覚歳時記』興津要　1993年　時事通信社
『江戸風流「食」ばなし』堀和久　1997年　講談社
『たべもの史話』鈴木晋一　1989年　平凡社
『江戸の庶民が拓いた食文化』渡邉信一郎　1996年　三樹書房
『江戸年中行事』三田村鳶魚編　朝倉治彦校訂　1981年　中公文庫
『娯楽の江戸　江戸の食生活』三田村鳶魚著　朝倉治彦編　1997年　中公文庫
『江戸の春秋』三田村鳶魚著　朝倉治彦編　1997年　中公文庫
『江戸たべもの歳時記』浜田義一郎　1977年　中公文庫
『芭蕉全句』上・中・下　加藤楸邨　1998年　ちくま学芸文庫
『江戸・食の履歴書』平野雅章　2000年　小学館文庫
『江戸の料理史－料理本と料理文化』原田信男　1989年　中公新書
『翻刻　江戸時代料理本集成』第1～10・別巻　吉井始子編　1978-81年　臨川書店
『料理文献解題』川上行藏編　1978年　柴田書店
『江戸俳諧歳時記』加藤郁乎　1983年　平凡社
『江戸学事典』西山松之助ほか編　1994年　弘文堂
『図説江戸料理事典』松下幸子　1996年　柏書房
「原本現代訳」（教育社新書）より
　『豆腐百珍』何必醇　福田浩訳　1988年
　『料理山海郷』博望子　原田信男訳　1988年
　『古今名物御前菓子秘伝抄』作者不詳　鈴木晋一訳　1988年
　『料理物語』作者不詳　平野雅章訳　1988年
　『万宝料理秘密箱』器土堂主人　奥村彪生訳　1989年
　『江戸流行料理通』上・下　栗山善四郎　平野雅章訳　1989年

ブック・デザイン
大野リサ／川島弘世

取材協力
虎屋文庫

カット図版
『素人庖丁』　味の素 食の文化センター所蔵
『守貞謾稿』　国立国会図書館所蔵

その他、特に所蔵者の表示のない図版は、すべて個人所蔵の絵画、書籍によります。

本書は《とんぼの本》『大江戸料理帖』（1999年9月刊）を元に、「シンラ」1999年4月号～2000年7月号に連載した記事を加え、増補改訂したものです。

とんぼの本

完本《かんぽん》　大《おお》江《え》戸《ど》料《りよう》理《り》帖《ちよう》

発行　2006年3月25日
3刷　2014年9月15日

著者　福《ふく》田《だ》浩《ひろし》　松《まつ》藤《ふじ》庄《しよう》平《へい》
発行者　佐藤隆信
発行所　株式会社新潮社
住所　〒162-8711 東京都新宿区矢来町71
電話　編集部 03-3266-5611
　　　読者係 03-3266-5111
　　　http://www.shinchosha.co.jp
印刷所　大日本印刷株式会社
製本所　加藤製本株式会社
カバー印刷所　錦明印刷株式会社

乱丁・落丁本は、ご面倒ですが小社読者係宛お送り下さい。
送料小社負担にてお取替えいたします。
価格はカバーに表示してあります。

ISBN978-4-10-602140-4 C0377